시험 없는, '진짜 국어수업'은 어때?

시험 없는, '진짜 국어수업'은 어때?

정아름 지음

생각의빛

제4장 너, 나와! 독서토론 펀치

제5장 교실을 벗어난, 진짜 국어수업

프롤로그

시험이 없는 국어수업은 가능할까? 물론, 수업에 대한 평가는 필요하다. 하지만 오지선다형의 등급을 매기는 시험이 목표가 되는 순간 진짜 국어수업은 사라진다. 아이들이 문학을 즐기며 만들어가는 진짜 국어수업은 어떻게 가능할까? 이 책은 그것에 대한 고민이다.

가르치고 쓴 지 10여 년이 지났다. 얼마 전, 냉면집 앞을 지나다가 유리에 붙은 '홀서빙 시급 1만 원'을 보고 '한 번 일해 볼까?' 생각했다. 프리랜서로 대안학교와 정신과 병원 센터에서 국어를 가르치는 나는 아직도 혼란 중이다. 중고등 대안학교와 여러 학년이 섞인 병원센터의 수업 특성상, 교과서가 없는 무학년의 국어수업을 진행해야 하는데 만만치가 않다. 그래도 수년을 해오다 보니 나만의 방법과 자료들이 쌓였고, 세상 어디엔가 이러한 수업으로 고민하는 분이 있다면 도움이 될 수도 있겠다는 생각에 책을 쓰게 되었다. 수업 현장의 경험을 담은 에세이와 실제적인 수업 팁들을 겸해 글을 썼다. 아이들은 고민하고 고민하며 준비한 수업을 즐거워하며 기대했다. 또 책과 영화를 통해 문학이 아름답다는 것을 어렴풋하게나마 느끼고, 스스로 읽고 쓰려 했다.

처음, 교사가 되고 몇 년간은 배운 대로 교재에 줄을 긋고 주제와 특징을 메모한 뒤, 시험에 나올만한 부분은 강조하는 레퍼토리의 수업을 했다. 그러다 가르치는 일에 회의감이 들 때쯤, 대안학교에서 지금 시대 '사회문제로 독서 수업'을 하고, 정신병원 센터에서 '글쓰기 수업'을 하면서 수업의 패러다임이 완전히 바뀌었다. 아이들이 만들어가는 즐거운 국어 수업이 무엇인지, 깊이 있는 질문을 만들고 고민하는 진짜 수업이 무엇인지 알게 된 것이다.

스스로 만들어가는 수업을 통해 알게 된 사실은 아이들이 이미 보고 듣고 읽고, 말하고 쓸 준비까지 되어 있다는 것이다. 다만, 교사의 가르치는 방식에 따라 아이들은 관심은커녕 수업 시작과 함께 마음의 셔터를 내려버리기도 한다. 그렇게 해왔듯이 밑줄을 긋고 학습활동을 정리하고 시험 포인트를 체크하고 끝난다면 아이들 마음속에 국어 수업은 문학의 즐거움이 아닌 점수로 채워져 있을 것이다.

문학은 흥미진진하다. 디테일한 전율이 있다. 다시 보아도 또 보고 싶은 깊이가 있다. 하지만, 수업을 듣고도 아이들은 이 사실을 모르고 살아간다. 이러한 문학을 지루하고 진부한 것으로 아이들에게 가르쳤다면 교사로서 우리는 유죄다.

시험에 매이지 않은 국어 수업이라면 어떨까? 수업의 목적이 시험에 있어 가르치는 사람도 배우는 사람도 힘겨운 것은 아닐까? 문학의 즐거움을 알만한 대목에서 시험문제의 포인트로 넘어가니 우리는 이제껏 제대로 된 문학을 알 수가 없었다.

그렇다면, 왜 아이들은 노래를 듣고 영화를 보며 즐거울까? 시험이 목표가 아니기 때문이다. 수업의 목적이 평가가 아니라 문학을 즐기는 것이 되면 진짜 국어 수업은 시작될 수 있다. 아이들은 매일 노래를 들으며 시의 감성을 갖고 있고, 영화와 드라마를 보며 소설과 시나리오를 이해할 수 있는 능력이 있다. 이제 이 아이들에게 묻기만 하면 된다.

"너희가 요즘 듣는 노래는 뭐야? 좋아하는 영화와 드라마는?"
"함께 나눠보고 싶어. 들려줄 수 있겠니?"

진짜 '국어'를 위한, 쓸모 있는 국어 수업 꿀팁을 지금부터 방출하려고 한다.

제1장
대안학교와 정신병원을 오가고 있습니다

나는 대안학교 교사입니다

"아직도 대안학교에 있어?"

"응."

"진짜, 대단하다."

'아직도'에는 아주 센 악센트가 느껴진다. 이 '대단함'에는 존경스러움이나 끈질김보다는 안타까움이 있다. "아직도 정신 못 차렸니?"라며 꿈에서 깬 사람들은 꿈속의 내게 팩트를 던진다. 나와 가까웠던 M이나 J는 이제 다른 일을 한다. 나보다 한두 살 많았던 친절한 이 언니들은 진심으로 나를 걱정한다. 이곳을 확실하게 겪어 본 그녀들은 그곳은 답이 없다고, 그만하면 할 만큼 했다고, 이제 그만 털고 나와도 된다고 말한다. 그리고 나는 아직도 그곳에 있다.

다섯 개의 대안학교가 없어지고 현재 여섯 번째의 대안학교에서 일한다. 가족과 지인들의 만류에도 불구하고 나는 '내가 버린 과거'를 다시 선택했다. 남편은 다시 대안학교에 가겠다는 내게 '한 번 헤어진 연인은 또 헤어진다.'라는 찰떡같은 비유를 들더니, "나라면 안가."라는 팩폭까지 날렸다. 그런데 나는 이 선택의 결말이 어떻게 되든, 답이 있든 없든 끝까지 가보기로 했다.

대안학교 9년째, 이 정도 되면 전문가가 되어야 하는데 아직도 우왕좌왕이다. 큰 규모의 대안학교를 제외하고 대부분 대안학교의 사정은 쉽지 않은데, 다들 묵묵히 버티는 중이다. 경제적으로나 시스템적으로나 좀 나아져야 할 텐데, 작은 대안학교들은 그저 서 있기만도 벅찬 상황이다.그럼, 나는 왜 이곳에서 일하고 있을까? 직업적 사명감? 동료애? 신앙심? 모든 것이 쌓여간 자리의 가장 큰 이유는 '변해가는 아이들'이 있다. 아주, 서서히, 그리고 미세하게.

2021년 2학기에는 대안학교를 잠시 떠났다. 대안학교 교사의 월급은 '두 자리'라는 말이 과장이 아닐 정도로 10년 동안 강사료는 인상되지 않았고, 경제적 상황은 갈수록 나빠졌다. 창의적이고 재미있는 수업들이 있었지만, 결과적으로 학생이 늘지 않으니 실패였다. 아무리 교육철학이 훌륭하며 교사가 열심히 뛰고 아이들이 만족해도 학교가 운영되기 위해서는 '돈'이 필요하고 학생 수가 몇 배 늘지 않는 이상 유지하기 힘들었다. 전 대안학교 동료들의 말처럼 여러 면에서 대안학교에 '대안'이 없어 보였다.

가을 한 학기 동안 일했던 일반공립학교는 기존 대안학교 강사료의 2.5배를 주었다. 그러나 주어진 학교 업무들은 엄청났다. 학기 초 계획서와 학기 중 수업준비, 학년 별 시험 출제와 평가, 생활기록부의 교과목 세부 능력 및 특기 사항 작성 등으로 나는 스스로 야근을 해야 했다. 더구나 입시 포인트에서 벗어난 나의 문학수업은 뜬구름 잡는 소리였고, 아이들의 관심 없는 눈빛과 허공에 뱉는 수업들에 맥은 빠져갔다.

학기가 끝나던 어느 날, 점심을 먹으며 생각했다. 일반 학교에 왜 온 걸까? 더 돈을 벌고 싶어서? 아니면 경력을 쌓아서 기간제교사를 하기 위해서? 그것도 아니면 일반 학교를 한번 경험해 보고 싶어서? 모든 물음의 답은 'NO'였다. 그리고 답이 보이지 않는 대안학교의 현실에 지쳐 '도망쳤다.'라는 사실을 깨달았다. 그리고 그 순간, 문학을 문학답게 수업할 수 있는 그곳이 사무치게 그리웠다.

2021년 가을과 겨울 동안 초등학생부터 고등학생까지 300명 정도의 아이들을 만나 수업했다. 모든 곳의 아이들은 귀하고 예뻤다. 그리고 어딘가의 아이들은 무력했다. 오지 않은 내일에 대한 두려움으로 갈 길 몰라 서성였다. 사람을 그리워하는데 믿지 못했다. 의지할 곳은 필요해 보였다.

어른인 나는 미안할 정도로 할 줄 아는 게 없었고, 틈틈이 곁에서 이야기를 들어주고 어깨를 토닥토닥했다. 잘해오고 있다고, 너무 애쓰지 말라고 말했다. 아이들은 눈을 맞추고 자신의 SNS을 보여주고 헤어질 땐 두 손을 흔들었다. 따뜻했다. 초록과 노랑이 가득한 공기처럼. 나는 가던 길을 뒤돌아섰다.

국어수업 11년째, 갈 길 몰라 헤맨다

처음 대안학교에서 수업을 시작했던 스물다섯은 열정이 넘쳤다. 젊음 하나로 아이들과 똘똘 뭉쳤고, 부모님이 보시기에 대학 나온 자식이 받기엔 부끄러운 월급 액수일지 모르나 '가치' 있는 일에 몰방했다고 믿었기에 남부럽지 않았다. 그리고 이렇게 열심히 가르치다 보면 훗날, 실력이 출중한 교사가 되어있으리라 생각했다. 그러나 착각이었다. 젊음은 어느새 온데간데없이 사라지고 지루한 수업방식만 남았다. 수업 시작 종소리가 들리면, 교실 문턱을 넘기가 겁났다.

가르치는 것은 절대 일방적일 수 없다. 수업은 인간 대 인간의 정신적인 소통이다. 극한 감정 소비가 끝난 후, 멘탈은 너덜너덜해진다. 그리고 수업 시간의 단 몇 초도 허투루 쓸 수가 없다. 어물쩍 넘어가려다

간 교사의 수업 준비가 덜 되었는지, 교사가 대충 수업을 하고 끝내려는 건지 아이들은 벌써 눈치를 챈다. 어른들의 생각보다 아이들은 더욱 영민하다. 그래서 반대로, 수준 있게 가르치면 아이들은 수준 있게 알아듣는다.

가르치는 역량보다 아이들이 더 많은 것을 원한다는 것을 알았을 때쯤에도 나는 그렇게 노력하지 않았다. 당시에는 수업을 준비하고 출근을 하는 것만으로도 벅찼다. 그러다 독서수업을 시작하며 전환점을 맞이했다. 교과서에 실린 문학작품은 이미 국어 시간에 다루었으니 제외했다. 문학을 재탕 삼탕 우려먹는다는 것에 가책이 왔고, 매년 반복되는 문학의 패턴이 지루했다. 가르치는 사람이 재미가 없는데 어떻게 듣는 아이들이 즐거울 수가 있을까. 그래서 주제가 통하는 '세계문학과 영화'를 묶어 수업을 짜고, 현시점에서 중고등학교 아이들이 알아야 할 '사회 문제'를 선별해 독서토론 및 논술 수업으로 구성해보았다.

수업 준비로 늦은 밤을 보내거나 주말에도 자료를 만들었다. 자연스럽게 수업이 잘 흘러갈 때도 있었지만, 특히 주제 파악이 쉽지 않은 문학작품이나, 낯선 사회·경제·정치적인 문제들은 수업 시작과 동시에 아이들을 코마 상태로 가게 했다. 그렇게 같은 아이를 대상으로 1년, 길게는 3년 이상 수업을 하면서 기적은 일어났다. 아이들이 수업을 듣기 시작한 것이다.

"선생님, 저 달라지지 않았어요?" 하며 발표를 하던 K와 H의 당당한 미소가 아직도 생생하다. 아이들은 발표할 자료를 프레젠테이션으로 만들어왔고, 서로 간 토론이 진행되었으며 활발하게 이루어진 독서수업을 대학입시 자기소개서에 소개했다.

영화와 소설을 접목한 수업은 처음부터 반응이 좋았다. 매체에 익숙한 아이들은 문학과 연계한 영화에 집중했고, 단답형이 아닌 사고력을 확장시킬 수 있는 질문을 만들어 아이들과 생각을 주고받았다. 때로는 생각지도 못한 아이들의 질문과 답변이 오고 갔고, 감성의 깊이는 무한했다. 이후 어떤 아이는 작가를 꿈꾸기도 하고, 또 어떤 아이는 영화와 사학을 전공해 역사 영화를 만든다고도 했다.

국어수업 11년째 오늘도 헤매지만, 아이들로 인해 꽤 괜찮은 하루가 되어가고 있다. 나는 오늘도 또 무언가를 찾아 나선다. 교사는 끊임없는 탐색자다.

나는 매주 정신병원에 간다

"엄마, 오늘은 병원에 가요?"

"응."

수요일 아침, 아들과의 대화. 1년여, 나는 정신과 병원에 일주일에 한 번 간다. 청소년 우울증으로 병원에 입원한 중고등학교 아이들을 가르치고 있다. '병원형 wee센터'인데 20명 내외의 중고등학교 아이들이 병원에서 생활하고 있으며, 병원 내 위탁형 대안학교 형태로 운영되고 있다. 아이들은 이곳에서 기본적인 국어와 사회 교과 이외의 음악치료, 미술치료, 집단상담, 동화연극 등을 병행한 수업을 들으며 정신과 치료를 받는 중이다.

나는 걱정이 많은 편이다. 도전하려면 몇 번 심호흡해야 하고 남편에게 괜찮을 것이라는 확답을 두세 번 받아내야 하고 아이들에게 떨지 않게 해달라고 기도 부탁까지 한다. 그래서 병원 아이들을 만나기 전날도 이럴까, 저럴까, 어떨까, 계속 상상하고 생각하다 잠들었다.

그런데 이게 웬일! 아이들은 내가 기존에 만나던 아이들과 전혀 다르지 않다. 쉬는 시간에는 아이들이 먼저 다가와 말을 걸어준다.

"선생님, 왜 이렇게 키가 커요?"

"선생님 마스크 벗은 모습 궁금해요."

"첫사랑 이야기해주세요!"

"밖에 날씨는 추워요?"

수업이 끝나고 일부러 찾아온 아이도 있다. 쭈뼛쭈뼛하는 아이에게 "왜? 무슨 일 있니?"라고 물었더니 "아침에 먹은 약 때문이에요. 졸아서 죄송해요. 다음 시간에는 잘 들을게요."라고 말한다. 암묵적인 규칙상 묻지는 않지만 '병원에 어떻게 오게 된 걸까?' 의문이 들 정도로 참으로 순하고 착한 아이들이다.

살다 보니, 더 상처받은 쪽은 착한 이다. 촘촘하지 못한 여린 마음 탓이다. 한 번쯤은 모질어지고 싶은데, 본능적으로 또 상대에게 손을 내밀다 우스운 꼴이 되어버린다. 그리고는 선 날로 자신을 파헤치고 괴롭

한다. 저번 주에 수업을 잘 들었던 아이가 보이지 않는다. "어디 간 거니?" 물어봤더니 '폐쇄(보호) 병동'이란다. 퇴원 날짜가 얼마 남지 않았는데 문제가 생긴 것 같았다. 최대 입원 기간은 3개월이지만 보호 병동에 가게 되면 병원에 있는 기간은 더 길어진다.

병원 수업을 가면서 나의 새로운 모습을 발견했다. 환영이 보이거나 환청이 들리는 아이들, 자해로 붕대를 팔에 칭칭 감고 있는 아이들, 갑자기 의자에서 쓰러지기도 하고 책상을 엎기도 하는 일들이 일어나는데 나는 이 상황이 놀랍지 않고 괜찮다.

나는 환영이 보인다는 아이에게 "왜 자꾸 보일까? 안 보이면 좋을 텐데." 하고 말했다. 모두가 다르니까 세상 누구에게는 '환영이 보일 수도 있지 않나?' 하는 생각이 들었다. 심리학적으로 내가 아이들을 대하는 방식이 어떠한지는 모르겠지만, 매주 아이들과 이야기 나누는 시간이 나는 참 좋다.

그러다 소설을 쓰는 N을 만났다. 수업이 끝나고 노트북을 정리하고 있는데 N은 수줍게 다가왔다. 소설을 쓴다며 소설을 연재하고 있는 사이트를 비밀스럽게 알려주었다. 4천 명이 넘는 굉장한 팬덤을 가지고 있는 N의 소설은 거칠지만, 과감 없었고 흡입력 있는 이야기들로 독자들을 휘어잡고 있었다.

다음 주 수업시간에 N을 다시 만나 "작가님, 존경합니다."라는 멘트를 날리며 나는 N과 매주 글 쓰는 이야기를 나눴다. 어떻게 소설을 쓰게 됐는지, 어디에서 소재를 찾는지, 주인공 이름들은 어디서 찾는지, 보통 언제 글을 쓰는지. 우리의 마주 앉은 쉬는 시간은 너무 짧았다.

N은 점점 밝아지고 예뻐졌다. 퇴원하는 날, N이 다가와 나를 안아주었다. "병원에서 선생님이 제일 좋았어요."라는 말에 너무 뭉클해서 말을 못 하다가 "우리는 소설로 이어져 있으니까 괜찮아."라고 그녀를 토닥였다. 지금도 한 달에 두세 번 그녀의 소설 알람이 "딩동" 울린다. 나는 댓글을 쓰고 마음 깊이 N의 삶을 응원한다.

아이들은 어떤 방식으로든 이 우울감과 싸워보려고 안간힘을 쓴다. 그리고 아이들이 행복하지 않다는 사실이 나는 참 슬프다. 수업을 시작하고 6개월은 '소설'을 가르치다가, 이제 시로 넘어갔는데 '시'에 젬병인 내가 수업을 하려니 도저히 '시적'이지 않다. 좌절이다. 그동안은 시의 화자와 주제와 비유를 설명하고 줄을 긋고 메모하며, 재미라곤 찾을 수 없는 일방적인 강의를 했으니 당연히 '시의 아름다움'은 저 멀리 사라져버렸을 것이다. 그래서 이제 최대한 말을 줄이고, 시를 읽고 아이들의 이야기를 들어보기로 했다. 시를 몇 번 천천히 반복해서 읽는데 '너무 애쓰지 말라.'는 시인의 말에 아이들의 눈빛이 흔들린다. 아이들은 이미 '시'를 알고 있다.

그동안 너희도 애쓰며 살았는데, 몰라줬구나.
힘들고 고달팠는데, 어디에도 말할 수 없었구나.

수업이 끝나고, 중학교 여자 아이들이 다가와 시를 더 프린트해 줄 수 있냐고 한다. 침대 맡에 붙이고 읽고 싶다고, 퇴원하면 절친에게 선물로 주고 싶단다. 나는 10여 년 만에 처음으로 '시'를 '시답게' 수업했다는 생각이 들었다.

P는 몇 주 동안 엎드려있다. '자고 있나?' 싶어서 가까이 가서 보면 "저, 안 자요."하면서 다시 일어나는데, 조금 이따 보면 다시 엎드린다. 작고 귀여운 P는 성격이 시원시원해서 궂은일도 알아서 하고, 다툼이 있어도 금방 훌훌 털어버린다. 그리고 엎드려 있다가도 관심이 있는 부분이 나오면 일어나 발표 비슷한 것을 하고 다시 눕는다. 하루는 아이들의 수업일지를 작성하고 있는데 P가 다가와 "선생님, 뭐해요?" 하고 물었다. 아이들의 상태나 태도를 기록한다고 하니, 자기는 어떻게 썼냐고 물어본다. 나는 사실 그대로 "엎드려 있다 말다 한다."고 썼다고 하니 화들짝 놀라면서 "아니에요. 선생님. 저 엎드려있어도 수업 다 들어요."라고 말해 한참을 웃었다.

아, 그랬구나. 우리 P는 선생님 수업을 다 듣고 있었구나. 선생님이 몰랐어.

이후, 나는 P와 급속도로 친해졌다. 쉬는 시간에 P는 내 옆자리에 와

서 일주일간 있었던 병원 이야기를 해 준다. 이번 주 보이지 않는 누군
가의 사건, 누군가의 썸과 이별, 그 후의 절망까지도. 그리고 자기 마음
도 덤덤하게 털어놓는다. 부모님이 항상 바쁘시고, 집에서 혼자 늘 외
로웠다고 그래서 살고 싶지 않았다고 했다. P는 고개를 떨구었다. 속눈
썹이 떨렸다. 작은 어깨는 더 여려 보였다. 그런데 병원에 와 보니 별의
별 일 겪은 아이들이 하도 많아서 자신은 명함도 못 내민다고 농담을
한다. 나는 말 없이 P의 머리를 쓰다듬었다.

봄이 오고, P가 퇴원하는 날이 왔다. 수업이 끝나고 우리는 눈이 마주
친다. 서로 뭔가 모를 아쉬운 눈빛이 오갔다. P와 나는 몇 초 동안 서로
를 안아주었다.

"선생님이 살아보니까, 행복해. 살아보니까, 좋은 게 참 많아. 너도 그
랬으면 좋겠어."
"저도 그러려고요. 이제 행복해지려고요."

나는 우두커니 서서 아이를 보내지 못하고, P의 말을 한참 생각했다.
그리고 간절히 소원을 빌었다.

진심으로, 네가 어디에 있든 행복했으면 좋겠다고.
어떤 모습이든 소중한 너 자신을 사랑해 주는 건 어떻겠냐고.

수업공개 개봉박두

나는 그동안 대안학교와 정신병원 센터에서 했던 수업을 꽁꽁 싸맸다. 준비하고 수업하기에도 바빴지만, 공개하길 꺼린 것이 사실이었다. 내가 준비한 자료들은 나만 알고, 나만의 유일한 수업을 하길 바랐나 보다. 그리고 참으로 못난 모습인 줄 모르고, 그렇게 10년을 살았다.

대안학교 국어 교사 모임도 잠깐 가입했었으나, 세밀하게 이야기하지는 않았다. 필독서 목록이나 수업 후 아이들의 향상 정도를 나누었을 뿐이었다. 실제 해보니, 가르치는 일만큼 폐쇄적인 것이 없다. 오로지 아이들과 교사만이 있는 교실이라는 제한된 공간에서 수업이 이루어지다 보니 그렇다. 지켜보는 사람도 없고 수업에 대해 누군가와 바로 피드백하는 것도 아니니 가르치는 이가 양심껏 알아서 잘해야 하는 것이 수업이다.

수업의 만족도는 교사마다 기준이 다르겠지만 적어도 아이들은 티를 내지 않아서 그렇지 매일 노력하는 교사의 수고를 알고 있다. 그래서 교사가 준비하는 만큼, 아이들과 소통하는 만큼 수업은 진전되고 아이들은 자란다. 그래서 괴롭더라도, 오늘 수업에 최선을 다했는지 아이들은 즐거웠는지 교사는 자신에게 매일 질문해야 한다. 그러다 보니, 가르치는 일은 스스로에게 솔직하지 않으면 안 된다.

즐거운 수업을 하고 싶은가? 좋은 자료가 있으면 쓰면 된다. 자료를 구할 수 있다면, 할 수 있는 만큼 재해석하여 사용해도 괜찮다. 그러나 경험상, 창의적이고 재미있는 국어 수업 자료를 찾기란 쉽지 않다.

대안학교와 정신병원 센터는 기존의 국어 수업을 진행할 수 없었다. 새롭고 다른 수업을 준비해야 했다. 공부가 업인 남편은 기꺼이 스승이 되어주었다. 그렇게 수업들이 만들어지고 노트북 안에 자료는 쌓여갔다. 수업에 대한 자료는 따로 공개하지 않았는데, 나의 수고가 들어간 자료들이 마구 쓰일 수 있다는 이유였다. 그러나 어차피 나도 다른 사람들의 노력들을 참고하여 자료를 재구성하고 있으면서 내 것을 공개하지 않는다는 놀부 심보를 최근 알았다.

풀어야 풀린다. 그래서 조금씩 풀어보려고 한다.

제2장
'소설'과 '우리'의 환상적 캐미

웹 세대의 언어, 글씨로 이미지 만들기

첫인상은 3초 만에 결정될까? 아이들에게 나의 3초는 어떤 모습일까? 서로에 대해 천천히 알아가겠지만, 나는 쉬운 사람이라 아이들에게 처음부터 다 보여준다. 일주일 내내 준비한 문학을 가르치고 싶은 마음, 처음 만난 너를 향한 애틋함까지.

수업 첫 시간, 우리는 서로에게 퐁당 빠져든다. 그리고 오늘은 '워트 아트' 앱을 이용해 오늘의 기분을 이미지로 만들어 보았다. 아이들은 내 생각보다 훨씬 더 멋지고 무엇보다 생각이 깊다.

```
┌─────────────────────┐
│       동물권          │
│                     │
│      기후위기         │
│                     │
│     코로나 시대        │
└─────────────────────┘
```

아이들에게 떠오르는 단어들을 가볍게 써 보게 한다. 아이들은 오늘 날씨나 느낌, 좋아하는 친구의 이름을 나열한다. 그런데 A는 내 수준을 넘어 지난 방과 후 특강 때 나누었던 논제를 떠올렸다. A의 집에서 뒹굴뒹굴하는 강아지 여섯 마리를 곁에 두고 유기동물의 문제와 동물 학대 반대의 문장을 만들었고, 또 코로나 시대에 어울리는 지금 세대의 문구를 작성했다.

첫 수업은 자기소개부터가 국룰이지만, 돌아가면서 자신을 이야기하는 자체가 아이들에게는 부담일 수 있다. 그래서 A4에 마인드맵으로 '나'라는 사람과 연관되는 키워드나 문장을 쓰고, 종이를 걷은 다음 누구인지 맞히어 보았다. 교사는 키워드만 던진다. 아이들은 궁금해하며 키워드를 연상하고 그 대상이 누구인지 의논하며 맞춘다. 문제를 맞히기 위해 서로 유심히 관찰하다 아이들은 자연스럽게 알아가고 친해진다. 교사는 좋은 질문을 던지는 사회자다. 교사는 수업을 주도하지 않는다. 결국, 수업을 끌고 가는 주체는 아이들이다.

유튜브와 웹툰을 보고 자란 지금의 세대는 달라도 너무 다르다. 생각도, 말도 상황 판단도 그에 대한 대처도 다르다. 아이들은 솔직하고 감각적이다. 너저분하지 않고 직진한다. 이번에는 워드아트 앱으로 문장을 만들어 본다. 앱을 사용해 글씨로 이미지를 만드는 것으로 방법은 간단하다. 각자 핸드폰에 있는 앱을 내려받고, 원하는 글씨나 문장을 입력한 후, 어울리는 이미지를 선택한다. 지금의 기분과 생각을 나타내는 글씨와 모양이 더해지고 3초 만에 이미지는 생성된다.

"집에 가고 싶다."

"공부하기 싫다."

"코로나 아웃!"

"여행 가고 싶다."

"떡볶이 먹고 싶어요."

아이들의 언어는 가감 없고 신선하다. 돌려 말하지 않는다. 체면을 차리지도 않으며 빈말도 없다. 툭툭 던지는 말들은 번득일 정도로 핵심을 찌른다. 그리고 가장 중요한 건 기성세대와 달리 꾸밈이 없고 솔직하다. 다음을 생각할 겨를도 없이 벌써 마음에 파박, 닿아 버린다.

예전 국어 활동은 손으로 직접 그리고 칠하고 오리는 일들이 많았다. 그러다 보니 꾸미는 재능이 있어야 손쉽게 할 수 있었고, 다양한 활동을 하기에 제한이 있었다. 그런데 다양하게 이용할 수 있는 앱들이 나오면서, 이제 국어 활동의 폭은 넓어졌다.

수업을 진행하다 재미있는 사실을 발견했다. 남자아이들도 예쁘고 아기자기한 것을 좋아한다는 것이다. 벚꽃 모양 이미지에 '사랑, 노래, 향기' 글씨를 넣는가 하면, 하트나 물방울 모양에 반 친구들의 이름을 넣기도 한다.

활동이 끝나면 패들렛에 자신의 이미지를 올린다. 아이들은 서로의 작품을 보면서 웃고 떠들며 피드백은 이루어진다. '댓글'를 쓰고 '좋아요'를 누른다. '평가'라는 거창한 용어 없이도 아이들은 타인의 글을 읽고 비평하고, 자신의 글에 쓴 댓글을 읽으며 자기평가를 하게 된다. 그리고 댓글이 장난스럽거나 단답형이 되지 않도록 세 가지 항목을 주고 쓰게 했다. 댓글이 짧아도 되지만, 구체적인 항목을 주고 쓰게 하니 아이들도 고민하며 진지하게 참여했다. 항목은 글을 읽고 '좋았거나 흥미로웠던 점'과 '아쉽거나 부족한 점' 그리고 '덧붙이고 싶은' 말이 있다면 쓰도록 했다. 이것은 PMI(plus-minus-interesting) 기법의 변환으로 토론뿐만 아니라 글쓰기에서도 유용하게 쓰인다.

패들렛이란?

　　메모지를 붙여 공유하는 작업용 애플리케이션으로써 과제의 진행 상황을 실시간으로 보기에 용이하다. 추가 버튼(+모양)을 눌러 메모를 쓸 수 있다. 자신의 게시글을 올릴 수 있고, 사진도 첨부할 수 있으며 댓글도 달 수 있다. 코로나19로 인해 줌을 이용한 온라인 수업이 활성화되었고, 발표나 과제 제출용으로 패들렛을 이용하는 학교들이 많아졌는데, 대면 수업으로 전환되고도 패들렛은 여전히 활용도가 높다.

국어 활동에서 패들렛이 좋은 이유

패들렛은 글쓰기 수업에 사용하기에 좋다. 아이들의 이름을 교사가 입력해 놓으면 아이들은 자신의 이름 아래에 글을 쓸 수 있고, 글은 차곡차곡 쌓인다. 또 패들렛 창은 세 개까지 가능한데, 직업을 교사로 선택하면 추가서류 없이도 다섯 개의 패들렛 창을 이용할 수 있다. 다섯 개 이상부터는 요금이 부과된다.

그날의 글을 바로 패들렛에 작성하고 교사가 수업 중이나 후에 바로 피드백해주는 것이 좋다. 패들렛은 종이에 글을 써서 제출하고, 교사가 아날로그로 피드백한 후, 다음 시간에 다시 돌려주는 데 소비되는 시간을 줄여준다. 또 모든 아이들의 글이 한 창에 공유되므로 글을 읽으면서 교사와 아이들 사이에 소통과 평가가 이루어질 수 있다.

무엇보다 패들렛의 글들은 최종평가하는 교사에게 유용하고, 아이들도 자신의 글을 언제든지 볼 수 있다는 장점이 있다. 아무리 좋은 글이라도 종이에 썼던 것들은 잃어버린 양말 한 짝처럼 어디론가 그렇게 다 사라져버리고 마니까.

tip. 단어로 이미지 만들기 수업

1. 핸드폰에 단어로 이미지를 만드는 워드아트 앱을 내려받는다.

2. 원하는 이미지를 고른다.

3. 이미지에 들어갈 자신이 쓰고 싶은 단어나 문장을 쓴다. (문장은 아주 짧은 편이 좋다. 이미지가 더해지므로 문장이 길면 가독력이 떨어질 수 있다.)

4. 만들어진 사진 파일을 패들렛에 올린다.

5. 서로의 작품에 댓글을 달며 피드백한다. (평가의 항목은 세 가지로 제시: ①좋았거나 흥미로웠던 점 ②아쉽거나 부족한 점 ③덧붙이고 싶은 말)

너와 나의 일기 테라피, 마음을 알아요

　나는 초등학교 시절 내내 일기를 열심히 썼다. 이유는 단순했다. 내 일기를 읽고 써 주는 선생님의 한 줄 메모가 너무 좋았다. 특히 5학년 때 담임선생님은 메모와 함께 일기에 별표를 주시고 매달 시상을 하셨다. 세 개의 별이 만점이었는데 나는 하굣길마다 조마조마하며 일기장을 폈다.

　요즘 아이들에게는 일기처럼 따분한 것이 없다. 매일 똑같은 일상이라 쓸 이야기가 없다는 것이 이유다. 그래도 글쓰기가 좋아지려면 무식하다 해도 '매일 써야' 하니까 일주일에 한 편씩 일기를 써 보기로 했다. 글쓰기를 좋아하는 아이는 일주일에 두세 번 써서 내고, 일상을 시간별로 보고서처럼 써서 내는 아이도 있었다. 그리고 반의 20% 정도는 진솔한 자신의 이야기를 글로 풀어냈다.

나는 아이들의 일기마다 메모를 썼다. 일기를 읽고 난 느낌, 창의적이거나 감각적인 표현 등을 칭찬했다. 그리고 매일 일기를 써서 가지고 오는 아이가 나타났다. 아이는 일기에 편지를 끼워 넣기도 했다. 내가 쓴 메모 아래 아이는 다시 자신의 이야기를 써 내려갔다. 중고등학교 아이들에게는 예상치 못한 고민이 많았다. 내일 무슨 옷을 입어야 할지, 절교를 선언하고 며칠째 말을 하고 있지 않은 친구와의 관계, 끝나지 않는 영어단어시험, 오르지 않는 수학 점수, 엄마의 잔소리에서 벗어나는 방법까지 선생님이 조언해주기 쉽지 않은 수만 가지 이야기들이 있었다. 나는 "그랬구나. 우리 ○○가 그랬구나."라는 말밖에 쓰지 못할 때가 많았다. 일기 쓰기에는 전제가 있다. 아이와 교사와의 긴밀한 관계다. 그리고 서로 간 비밀유지는 기본이며 아이의 감정에 대한 존중은 필수다. 일기 쓰기는 점점 나와 아이들이 주고받는 편지 형태로 바뀌어갔다. 아이들은 내 건강을 걱정하거나 수업시간에 떠든 친구 대신 사과를 하기도 했다.

현재 정신병원 수업에서는 매주 글쓰기를 한다. 강의실에는 청소년 우울증을 겪고 있는 중고등학교 아이들이 있다. 중고등 전 학년을 아우를 수 있는 국어 수업은 '글쓰기'밖에 없다고 생각했고, 매주 아이들과 글을 쓴다. 첫 시간, 아이들에게 자신의 이야기를 두세 줄 쓰게 했는데 아이들은 생각보다 솔직한 자신의 마음을 써낸다. 너무 솔직해 내가 놀

랄 정도다. 이성이나 동성 간의 교제나 학교나 가정폭력, 자신에게 실재하는 환청과 환영까지.

그리고 한 아이가 글 쓰는 것이 너무 힘겹다고 했다. 나는 더는 쓰지 말자고 했다. 나도 그랬던 적이 있다. 정신을 헤집어놓은 사건들은 나를 괴롭혔고, 잠잠해질 때까지는 시간이 걸렸다. 이후, 몇 번 글로 담아내려고 했으나 실패였다. 쓰는 순간, 그것들은 다시 나타났다. 그럴 땐 덮어두고 도망가는 것이 상책이었다. 그래서 나는 아이들에게 괜찮아지기 전까지는 과거의 것들을 굳이 끄집어내지 말자고 했다. 더구나 아이들은 '그 일' 때문에 정신과 마음이 아프고 힘들어 이곳까지 온 것이고, 그것과 치열하게 싸우며 살아가는 중이니까.

그런데, 아이들은 그래도 쓴다. 어른보다 강하다. 많은 일을, 아픈 일들을 겪은 아이들의 글에는 슬픔과 희망이 공존한다. 글쓰기 수업을 통해 아이들은 본연의 모습을 찾아가고 있었다. 그래서 나는 '오늘도 살아 보고 싶은' 주제를 매주 선정해본다. 비가 오는 어느 날, '비가 오면 어때?'로 아이들과 일기를 써 보았다.

아이들은 병원 안에서 창밖에 내리는 비를 본다. 그리고 고등학교 여자아이가 손을 들었다. '비 오는 날, 첫사랑과의 추억'을 쓴 글을 발표하고 싶다고 했다. 유난히 얼굴이 희고, 눈매가 고운 아이였다. "비 오는 날, 우리는 우산을 같이 썼다. 학교 주변을 걸었다. 그리고 비는 더 많이 왔다. 우리는…" 말이 끝나기도 전에, 우리는 모두 "꺅!"하고 즐거운 비명을 지른다. 아이는 글을 읽다 한참 뜸을 들인다. 모두가 숨죽여 듣는다. 비 오던 그 날의 수업은 오래오래 모두의 기억에 남을 것 같다.

병원 수업이 끝나고 두 아이가 다가왔다. 수줍게 자신의 노트를 내민다. 글을 쓴 게 있는데 '선생님이 봐 주셨으면 좋겠다.'라고 말하고는 도망치듯 가버린다. 버스 안에서 아이들의 노트를 비밀스럽게 꺼내 읽는다. 일기도 있고, 시도 있고 짧은 소설도 있다. 나는 좋았던 부분과 더 첨가되면 좋을 것 같은 내용을 메모한다. 다음 시간에 아이를 만나 전해줄 생각을 하니 연애편지처럼 마음이 아련해졌다.

일기 쓰기는 정서적인 치료가 가능하다. 아이들뿐만 아니라 아이들의 일기를 읽고 피드백하는 교사도 그렇다. 일기를 통해 소통하고 말로 하지 못했던 것들을 글로 나누고, 실수했던 혹은 미안했던 그리고 감사했던 것들을 '끄적임'으로 주고받는다. 그러다 보면 곪힌 마음은 아물어지고 새 살은 돋아난다.

글이란, 이런 우리의 사소한 감정을 솔직하게 나눌 때 글다워진다. 나는 이런 인간적인 감정을 나눌 수 있는 아이들과의 매개체가 '글'이어서 참 좋다.

tip. 일기테라피 수업

1. 수행평가로 수필 쓰기를 제시하면서 일기 쓰기를 해본다. 여행을 다녀왔거나 책을 읽거나 영화를 본 경험, 하루의 일상 등 자유로운 주제로 글을 쓰도록 지도한다. (강요로는 절대 솔직한 글쓰기가 되지 않는다.)

2. 일상을 단순하게 나열하지 않도록 주의하고, 일기의 주제는 한 가지 사건으로 정한다. 구체적인 상황과 자신의 느낌을 자세하게 쓰도록 한다. (그날의 날씨, 주변 상황, 친구의 표정, 나의 기분 등)

3. 시간이 들더라도 아이들의 글을 읽고 피드백해준다.

4. 아이들과 충분히 소통이 이루어지고 나면, 잘 쓴 글은 학생들과 상의 후 공모전이나 잡지사에 기고하는 것도 좋은 방법이다. (매달 A4 반 정도 분량의 수필을 잡지에 게재하는 '샘터'나 '좋은 생각' 같은 사이트가 있다. 홈페이지의 기고란에 업로드하는 간편한 방식이라 쉽게 응모할 수 있다.)

5. 너무나 당연하지만, 그래도 방심하지 말아야 할 중요한 팁은 일기의 내용을 절대 수업에서나 공적·사적으로 이야기하지 않는다는 것이다.

국어 시간마다 세 줄씩 글을 쓴다면, 어떤 일이 일어날까?

중1 신입생 아이들과 만난 지 딱 한 달이 되었다. 국어 시간마다 글쓰기를 할 것이라는 말에 아이들은 벌써 한숨을 쉬었다. 어쩌다 '책'은 지루하고, '글'은 쓰기 싫은 존재가 되었을까.

"얘들아, 우리 국어 시간마다 세 줄 글쓰기를 할 거야!"

아이들 표정을 보니 등 떠밀려 벼랑 끝에 서 있다. 이렇게도 우울한 표정이라니. 아이들에게 잘못한 것만 같다. 재미난 걸 가지고 와서 수업하자고 해도 할까 말까인데 학기 초부터 무리수를 두었나 싶다. 그래도 딱 세 줄이니까 부담 없이 쓰고 싶은 이야기를 써 보기로 했고, 아이들도 용기를 내주었다. 무엇보다 꾸미지 않고, 솔직하게 쓰자고 제안했다.

세 줄 글쓰기

1. PPT에 있는 단어 중 하나를 고르기(고르고 싶은 단어가 없다면 다른 단어를 써도 됨)

2. 단어와 관련된 경험, 상상, 혹은 시적인 느낌을 자유롭게 세 줄로 쓰기

3. 패들렛에 작성하고 발표하기

4. 서로의 글에 댓글 달아주기(세 줄만 쓰도록 부담을 줄이고, 더 쓰기 원하는 아이는 계속 쓰도록 지도한다. 평가의 항목은 세 가지로 제시: ①좋았거나 흥미로웠던 점 ②아쉽거나 부족한 점 ③덧붙이고 싶은 말)

A는 '나의 여름의 추억'이라는 키워드를 선택했고, 자신의 경험을 담아 글을 썼다. 밀양에 계신 할아버지 댁에 머물던 여름의 기억이었다. 그곳에서 토끼에게 풀을 주고 얼음골 계곡에서 물고기를 잡고 수박을 먹었다는 객관적인 내용의 서술이었다.

A에 글에 내가 놀랐던 것은 사실 그대로의 나열만으로도 훌륭해서 주관적인 느낌 하나 없이 감동이 전해진다는 사실이었다. 기행문의 경우 상황이나 장면 묘사를 실감 나게 한 글이 보통 잘 쓴 글이라고 생각하는데, A는 글의 형식을 파괴했다. 떠올린 과거의 추억을 사진으로 보여주듯 자연스럽게 연결했고, 개인적인 감상 하나 없이 당시의 경험이 얼마나 아름다운지를 충분히 보여주었다.

B는 자신이 좋아하는 가수의 노래 제목인 '라일락'을 키워드로 골랐다. 그냥 읽으면 B의 글은 평범하다. 라일락을 설명한 사전적 의미에 자신의 간단한 느낌을 더한 글이다. 하지만 B가 처음 썼던 글과 비교하면 "한 달 만에 이렇게 글쓰기가 이렇게 변할 수 있구나!"라는 사실을 알게 된다. B의 글은 매주 달라지고 있었는데, 첫 시간에는 간단한 단어만 두세 개만 나열했지만, 지금은 앞뒤 흐름에 맞게 세 개의 문장을 썼다.

"국어 수업을 듣다 보면 세 줄 정도는 쓸 수도 있지 않은가?" 싶지만 글쓰기를 지도해 보면 아무리 교사가 열심히 지도해도 자신을 변화시킬 마음이 없는 아이는 계속 단어만 몇 개 나열하는 것에 그치기도 한다. 책상에 앉아 있다고 글이 저절로 써지는 건 아니니까. 마음에 있는 것을 생각하며 솔직히 써 보려는 자세가 있는 아이라면 이렇게 세 줄, 그리고 다섯 줄 그리고 더 긴 글도 충분히 가능하다.

B는 집 앞의 벚꽃을 떠올렸고, 자신이 좋아하는 가수의 노래도 좋지

만, 집 앞의 풍경이 더 아름다웠다고 느꼈다. 또 놀라운 것은 맥락을 생각하면서 통일성 있게 문장을 이어갔다는 점이다. '라일락은 일종의 락(노래)이다'에서 '락'을 'Rock'로 은유한 부분도 신선했다.

글쓰기 후 서로의 글을 읽고 댓글을 남긴다. 댓글을 쓰다 보면 자연스러운 평가와 감상이 이루어진다. 그러다가 B가 아파트 앞에 벚꽃이 예쁘게 피었다며 사진을 찍어 보내주겠다고 한다. 그래서 B의 아이디어로 그날의 과제는 '집 앞 풍경'을 찍고, 느낌 한 줄을 쓰는 것으로 정했다. 아이들의 목소리에 귀를 기울이다 보면 얼마든지 '즐거운 숙제'도 가능하다.

세 줄 글쓰기를 하는 동안 아이들이 무엇보다 즐거웠으면 좋겠다. 같이 글을 써 가는 과정이, 이야기하면서 말과 글을 주고받는 시간이 '꽤 괜찮은 국어 시간'을 만들어갔으면 하는 바람이다.

tip. 세 줄 글쓰기 '주제'

1. '키워드'로 글쓰기: 코끼리, 여름의 문턱, 손톱, 겨울 바다, 오징어 파전, 너의 이름, 무설탕(아이들이 던져주는 아무 단어라도 취합해서 키워드로 써도 괜찮다. 생각지도 못한 신선하고 재밌는 것들이 나오기도 한다.)

2. '상황'에 따른 글쓰기: 수업이 지루할 때 대처하는 자세, 받기 싫은 전화가 계속 온다면, 이상하게 반복되는 꿈, 친구를 사귀는 방법, 잠이 오지 않는 새벽, 100만 원이 생긴다면

3. '첫 줄 문장'을 주고 이어쓰기: 나는 바다로 가는 기차를 탔다/이제 그와 헤어지기로 작정했다/그 친구에게서 일 년 만에 연락이 왔다/집으로 가는 길에 빨간색 지갑을 주웠다/지하철 맞은편에 앉은 남자와 눈이 마주쳤다.

4. 대상을 골라 '편지'쓰기: 헤어진 남자친구, 화성에 사는 사람, 내 돈을 갚지 않은 친구, 게임 속 캐릭터, 좋아하는 아이돌 멤버, 동물원에 있는 홍학, 브로콜리와 버섯

5. 오늘의 '기분'을 나타내는 '색깔'을 고르고 글쓰기: 빨강, 파랑, 검정, 연두, 민트, 베이지

춘향이 '여주'? 몽룡이 '남주'라면?

아이들은 왜 고전을 재미없어할까? 아니면 매력 넘치는 고전을 교사가 못 가르치는 것일까? 나도 고전문학이 나오면 크게 흥미를 느끼지 못하니 미안하게도 재밌는 수업은 멀게만 느껴졌다. 역시나 고전( )은 고전(苦戰:몹시 힘들고 어렵게 싸움)인 걸까?

고전문학 수업을 준비하고 가르치며 깨달은 점은 고전을 '현대로 가져와야' 한다는 것이었다. 그래서 춘향을 '여주'로, 몽룡을 '남주'로 했을 때 어울리는 요즘 세대가 좋아하는 아이돌 사진을 선택해 넣고, 사진 주변에 '춘향은 왜 몽룡을 사랑했는지(사랑 vs 조건), 변 사또가 이몽룡보다 더 젊고 잘생겼더라면 춘향은 어떤 선택을 했을지. 몽룡이 암행어사가 되지 못했더라면 결말은 어떻게 바뀔지, 마지막 장면에서 몽룡은 왜 얼굴을 가리고 춘향에게 수청을 들라는 질문을 굳이 했는지' 등의 질문을 작성했다.

고전을 과거의 이야기로 묻고 사자성어를 강요하며 계속 '라떼'식 강의를 한다면 아이들은 고전을 알고 싶지도 공부하고 싶지도 않다. 수업의 핵심은 옛이야기들을 현대로 가져온다. 그 시대의 사랑과 지금의 사랑을 비교해보고, 나의 상황과도 연결해본다. 모든 시공간을 초월한 '사랑'의 문제는 언제나 유효하니까.

나의 직감은 옳았다. 아이들은 이 남자 주인공과 여자 주인공 때문에 고전소설 '춘향전'에 초집중한다. 나누어 준 프린트물의 사진을 보자마자 소리를 지르고, 사진만 가지고도 한참 수다를 떤다. 아이들이 가장 관심을 가졌던 부분은 이 과거의 사랑이 오늘날에도 계속된다는 공통점, 그리고 나의 '사랑과 결혼의 기준'이 무엇인지 생각해 보는 시간을 가진다는 것이었다. '사랑의 조건'에 외모나 돈이라고 쓰는 아이들이 많았지만, 겉모습이 뭐가 그리 중요하냐며 자신은 마음만 착하면 된다고 말하는 아이도 있었다.

그리고 여러 반을 수업하면서 알게 된 사실이 있다. '사랑하지 않겠다.' 혹은 '사랑하고 싶지 않다.'라고 말한 아이는 한 명도 없었다. '저출산' 관련 토론 수업에서 결혼 여부를 아이들에게 물으면, 독신주의라거나 결혼은 해도 아이는 낳지 않겠다는 아이들이 꽤 있었는데 춘향전 질문을 나누면서 '사랑' 그 자체는 누구도 거부하지 않았다. 아이들은 모두 '사랑'하고 싶어했다.

　춘향과 몽룡을 통해 '나와 너'를 바라본다. 전 인류와 모든 시간을 통틀어 우리가 인간인 이유는 '사랑'할 수 있어서이고, 우리는 인간이기에 또 '사랑' 받길 원한다. 아직은 서툴고 잘 내색하지 않은 아이들의 눈빛에 희망이 반짝였다. 이기주의와 물질주의로 얼룩진 디스토피아로 가는 길목에서 유턴할 수 있는 유일한 방법은 '사랑' 뿐일지 모른다.

tip. 춘향전, 우리 시대의 사랑

1. '춘향'과 '몽룡'에 어울리는 요즘 아이들이 좋아하는 연예인 사진을 A4 중앙에 두고 프린트물을 만든다.

2. '춘향전'과 관련한 여러 가지 질문을 사진 주변에 쓴다. '춘향전'을 읽으며 궁금했던 점들을 아이들이 직접 질문으로 만들어 봐도 좋다.

3. 과거와 현대 사회의 사람들이 생각하는 '사랑의 공통점과 차이점', 내가 생각하는 '사랑의 조건'에 대해 써 보는 시간을 갖는다.

4. 춘향과 몽룡, 변 사또의 삼각관계를 현대로 가져와 자신의 경험과 비교하며 이야기해 본다.

5. 폭력 앞에서도 당당했던 춘향처럼 현대의 '나'는 당당하게 살고 있는지 생각해 본다.

영화와 소설의 만남, 누가 벌레입니까?

국어 시간에 '세계문학'을 공부하면 어떨까?

한국문학에만 머물던 국어수업의 선을 넘어보기로 했다. 한국고전에서 '춘향전'을 공부하고, 세계문학으로 건너가 보았다. 중고등학교 교과서에서 세계문학은 잘해야 한두 작품뿐이다. 수능에서 한국문학만 다루다 보니 학교 현장에서 세계문학은 찾아보기가 어렵다.

물론, 교사로서도 세계문학을 가르치기란 쉽지 않다. 입시에서 이미 한국문학을 공부하는 것만으로 아이들은 녹초가 되어있고, 그런 아이들에게 이제 세계문학까지 공부하고 시험을 치른다면 이는 너무 가혹한 일일 것이다. 게다가 세계문학을 학습용으로 만든 자료가 거의 없어서 교사가 발품을 팔아 수업 준비를 해야 하는데, 더 문제는 작품 해석의 여부다. 교사의 주관적인 관점으로 작품을 해석하고 가르쳐야 하므로 오지선다형의 시험 출제가 쉽지 않기 때문이다. 그러나 '깊이'와 '수준'으로 보자면 세계문학을 중고등학교에서 배우지 않는다면 문학의 절반도 모르고 아쉬운 인생을 사는 셈이다.

고민을 안고, 세계문학 수업을 시작했다. 재미있게 읽는 것에서 그치는 것이 아니라 어떻게 수업으로 연결할 것이며, 의미해석에 어려움이 있으면 어디서 도움을 얻을 것인지, 또 아이들은 어떻게 받아들일지, 대안학교라도 학기마다 시험은 있기에 어떻게 평가할 것인지 많은 생각이 오갔다.

그리고 세계문학을 아이들과 같이 수업하고 싶었던 가장 큰 이유는 교과서의 한국문학이 점점 뻔하고 예상 가능한 전개에 머물면서 수업에 활기가 떨어졌기 때문이었다. 교사가 의욕이 없으니 아이들도 수업시간에 축축 처지기 시작했다. 신기하게도 수업을 하다 보면 서로의 마음이 흐르고 통해서 '이 글은 재미가 없네.' 하는 내 마음을 아이들이 벌써 알아차린다.

기 드 모파상의 『목걸이』, 프란츠 카프카의 『변신』, 헤르만 헤세의 『공작나비』, 안톤 체호프의 소설집 『개를 데리고 다니는 부인』과 올더스 헉슬리의 『멋진 신세계』, 희곡에서는 안톤 체호프의 『갈매기』, 게오르크 카이저의 『칼레의 시민들』 등을 수업했다.

가장 좋았던 고전은 카프카의 『변신』이었다. 고등학교 3학년 아이들의 입시가 끝나고 카프카의 『변신』을 읽었다. 놀고 싶고, 마냥 쉬고 싶었을 텐데 아이들이 열심히 책을 읽고 참여해주어서 고마웠다. 대학에 가서 "난 대안학교에서 카프카의 『변신』을 읽었어."라는 있어 보이는 멘트가 중요하다며 아이들을 북돋웠다. 카프카의 『변신』은 2019년 칸 영화제에서 황금종려상을 받은 봉준호 감독의 영화 '기생충'과도 주제가 이어져 영화와 소설을 연계해 수업했다. 소설과 영화의 질문을 만들어 아이들에게 나누어 주었고 서로 충분한 이야기를 나누었다. 질문에 대한 해석은 아이들의 성향에 따라 쓰기 또는 말하기로 표현했고, 내가 생각하지 못한 새로운 질문들을 아이들이 던지기도 했다.

프란츠 카프카(1883-1924), 『변신』 질문

1. 카프카는 어떤 사람일까?
2. 가장 인상적인 부분이나 문장은?
3. 그레고르는 어떤 삶을 살고 있었는가?
4. 아버지는 어떤 사람인가?
5. 어머니는 어떤 사람인가?
6. 여동생은 어떤 사람인가?
7. 그레고르가 죽자 가족이 첫 번째 한 말은?

8. 당신은 이 소설 인물 중에 누구에 가장 가까운가?

9. 지금 시대 이런 '벌레' 취급을 받는 사람들은 누구일까?

tip. 카프카 『변신』 수업 질문과 해석

(1~9번까지 질문을 아이들과 상의해 분배하고, 맡은 질문의 답을 준비해 발표하게 한다.)

1. 카프카는 어떤 사람일까?

카프카는 체코 출신의 유대인으로 나치 시대를 경험했다. 근대 소설 초기 거장으로 톨스토이, 도스토옙스키, 체호프, 빅토르 위고와 동시대 인물이다. 근대시대 혹은 근대를 뛰어넘는 소설가로 1900년대 초 카프카는 '실존과 소외, 허무주의'를 이야기했다. 이에 영향을 받은 작가로는 1960년대 '이방인'을 쓴 카뮈가 있으며 한국소설에서 영향을 받은 작품으로는 김승옥의 '무진기행'을 들 수 있다.

2. 가장 인상적인 부분이나 문장은?(자유롭게 골라본다)

"그도 어딘가에는 있어야 하지 않겠는가! 흔적도 없이 사라질 수는 없지 않은가!"

3. 그레고르는 어떤 삶을 살고 있었는가?

"가족들은 그레고르에게 돈을 받으며 감사했고, 또 그레고르도 기꺼이 돈을 가져다주었지만 특별한 다정함은 더 있지 않았다."

- 그레고르는 아버지의 빚을 5년째 갚고 있고 가족의 생활비를 벌고 있다. 힘든 일상으로 친구도 만나지 못하는 상황이다. 하지만 가족들은 감사에서 점차 당연함으로 그의 희생을 받아들이고 있다.
- 아버지는 비상금을 몰래 숨겨두고 있었다.

4. 아버지는 어떤 사람인가?

"그의 삶이 새로 시작된 첫날부터 아버지가 그를 엄격하게 대하려 한다는 것을 알고 있어서 그레고르는 아버지가 다가오면 도망쳤다."

- 그레고르가 돈을 벌어올 때는 무기력한 아버지였으나 이후 고집이 세진, 당당해진 아버지로 변한다. 그레고르가 벌레로 변한 후에 아버지는 사과를 집어 던졌다.

5. 어머니는 어떤 사람인가?

"그의 마지막 눈빛이 어머니를 스쳐 지나갔다. 어머니는 완전히 잠들어 있었다."

- 아들을 사랑하는 것처럼 보이지만, 괴물 같은 모습을 보기 두려워하고, 그 모습을 보고 기절한다.
- 아들의 고통을 위하는 척하지만 결국 묵인하고 아버지의 결정을 따르며 나중에는 동조하게 된다.

6. 여동생은 어떤 사람인가?

"여동생은 그레고르와 마찬가지로 방이 더러운 것을 보았지만 그냥 두기로 한 것이었다. 그러면서도 그레고르의 방 청소는 자기의 권한으로 다른 사람이 대신 치우지 않도록 감시했는데 그 점에서 여동생은 예전에는 찾아볼 수 없었던 민감함을 보였고 이에 온 가족도 놀랐다."

– 그레고르를 가장 위하는 척하지만, 그것은 자신의 프라이드를 위한 것이었다.

"우리는 저걸 털어버려야 해요."

– 하지만 결국 아무 유익이 없다고, 자신에게 위협이 된다고 하면 누구보다 강하게 거부하는 사람이다.

"만일 진짜 오빠라면, 사람들은 저런 짐승과 함께 살 수 없다는 것을 알아차리고 스스로 나갔을 거예요. 그럼 오빠는 없어도 우린 계속 살 수 있고, 오빠에 대한 기억을 소중하게 간직할 수 있을 거예요."

– 여동생은 오빠인 그레고르를 결국 '저것'이라고 표현했다.

추가 질문 하나 더!

→ 여동생은 진짜 오빠가 말을 알아듣지 못한다고 생각했을까? 아니면 들으라고 한 말일까?

7. 그레고르가 죽자 가족이 첫 번째 한 말은?

"이제 우리 하나님께 감사를 드리자." 잠자 씨가 이렇게 말하며 가슴에 십자가를 그었다. 세 여자들도 그를 따라 했다.

- 이 감사의 의미는 무엇일까? 그들이 믿는 하나님을 어떤 분인가? 세상에는 이런 감사를 드리는 경우가 많을까?

8. 당신은 이 소설 인물 중에 누구에 가장 가까운가?

- 돌아가며 이야기해 본다.

9. 지금 시대 이런 '벌레' 취급을 받는 사람들은 누구일까?

- 몇 년째 취직도 못 하고 집이나 고시원에 있는 청년

- 치매에 걸린 노인

- 몇 년째 병실에 누워 대소변도 못 가리고 돈만 들어가는 가족

- 밤늦게까지 일하지만, 가족들에게는 시간을 보내지 못하며 사회적으로는 대우받지 못하는 분

문학과 디자인의 만남, 샤메크 블루위 기법

교사에게도 번아웃이 온다. 아이들을 가르칠 수 없는 상태가 온 것이다. 준비한 시간과 노력보다 아이들의 반응이 말도 안 되게 시큰둥하거나, 도무지 소통은 되지 않고 뭔가 꽉 막혀 있는 기분으로 수업을 하고 나올 때다. 수업 종이 끝나고 교실 문을 여는 순간, 몰려오는 자괴감에 주저앉고 싶지만, 꾸역꾸역 복도를 걷고 있는 나를 보는 가여운 나.

가르치다 멘붕이 왔을 때, 교사는 어떻게 해야 할까? 멘탈이 슬금슬금 무너지는 기미가 느껴질 때 내겐 여러 가지 방법이 있다. 그중 하나가 자전거 타기다. 두 시간 정도 달리다 보면 페달을 더는 돌릴 수 없을 정도로 몸은 지치고, 다리는 아파온다. 결국, 머릿속은 하얘지다 못해 텅 비어버린다. 그리고 자전거 뒤로 버린 기억들 뒤에 비로소 지나친

'풍경'들이 있다는 걸 깨닫는다. 사이사이로 스쳐 간 것들이 보인다. 그제야 보이는 풍경은 뭉클할 정도로 새롭다.

그렇게 무의 상태가 되면, 기존의 것들이 새로워 보인다. 새로운 것은 전혀 새롭지 않다. 비워지고 가벼워진 상태가 되면 이제 '새롭게 시작해볼까?' 하는 생각이 들게 된다. 그리고 어느 순간, 마녀 배달부 키키처럼 다시 날게 된다.

'새로움'은 무엇인가? 문학을 가르치는 사람은 시와 소설을 보며 끝없이 물어야 한다. 너는 누구냐고, 무엇이냐고, 어떻게 이곳에 온 것이냐고 말이다. 그래야 이 새로움과 대면할 기회가 생긴다. 새로움의 기반은 기본기다. 방학이 되면 마음을 잡고 클래식한 시론과 소설론 기본서를 읽으려고 노력한다. 기본기가 없으면 악기를 배우더라도 스킬만 늘지 탄탄한 실력을 갖추기 어렵듯, 문학의 기본이론이 바탕이 되지 않은 상태에서 밑줄 친 곳만 가르치는 것은 약장수의 돌고 도는 중얼거림이다.

최근 잘 만들어진 25분의 단편영화를 보았다. 한예종 영화과 졸업작품으로 '유월'이라는 이름을 가진 아이가 다니는 초등학교에서 일어난 이야기다. 분량도 짧고 내용도 의미가 깊었지만, 무엇보다 새로웠다. 영상 속에서 음악과 춤이 어우러지면서 사회와 사람을 보여주고, 서로 간의 이분법적인 대립 관계가 아닌 구도로 풀어나가며 루소(1712~1778)가 말한 '쌍방간에 합의하지 않은 계약은 무효'라는 규칙에 대해 역설한 부분도 좋았다. 내 곁에서 일어날법한 모든 이야기는 일상적이지만 새롭다. 막혀있는 곳을 잘라내고 보면 대번에 알 수 있다. 이 간단하고도 재미있는 새로움의 세계는 '샤메크 블루위'라는 활동으로 경험할 수 있다.

'샤메크 블루위' 기법은 건축가이자 패션 일러스트레이터인 샤메크 블루위의 이름을 딴 것으로 종이에 스케치한 드레스 일부를 잘라낸 다음, 자연이나 도시의 풍경에 비춰보게 하는 것이다. 샤메크 블루위 활동은 국어수업에서 다양하게 활용하기 좋다. 이 기법은 '새로움'에 대해 명확하게 보여준다. 그리고 무엇보다 사진을 찍으러 밖에 나갈 수 있기에 아이들은 신이 나서 참여했고, 방법은 아주 간단, 초간단하다.

샤메크 블루위 활동

1. 도안이 그려진 A4를 준비한다. (도안은 인터넷에 검색한다. 발레를 하는 여자, 드레스 입은 여자, 텔레비전, 우산 등이 사용하기 좋았다.)
2. 마음에 드는 도안을 골라 이미지의 실루엣을 가위로 도려낸다.
3. 뚫린 부분에 어울리는 배경을 대고(야외라면 더 다양한 배경을 찾을 수 있어 좋다.) 사진을 찍는다.
4. 사진을 모아 패들렛에 올리고, 서로의 사진을 감상한다.

아이들은 수업 시간에 나가는 자체가 행복하다. "선생님, 우리 진짜 나가요?" 하는 목소리에는 설렘이 가득하다. 운동장을 지나 교문 밖으로 나가려는 아이들을 잡아 오느라 애를 먹기도 했지만, 야외 수업은 아이들에게 언제나 로망이다.

벌써 "와!" 소리가 나온다. "새롭지?"라고 말하지 않아도 이미 새로움의 세계로 들어간 아이들은 학교 이곳저곳을 돌아다니며 사진찍기에 바쁘다. 뚫린 도안 사이로 세상이 들어온다. 하늘을 배경으로, 혹은 친구를 배경으로 삼는다. 피어있는 꽃과 나무들로 다가가 핸드폰 카메라를 통해 보이는 새로움을 만난다. 얼룩진 바닥도 차가운 돌벽도 모두 생각지 못한 질감과 느낌의 배경을 만들어낸다.

찍은 사진을 패들렛에 올리면서 SNS처럼 사진 아래에 어울리는 노래 가사나 짧은 글을 써 보게 했다. 아이들은 오그라든다면서도 감성을 발휘했다. 교과서를 보며 수업을 할 때는 엎드려 있던 아이들이었는데, 이렇게 밖으로 나가 직접 사진을 찍고 사진에 어울리는 말을 쓰게 했더니, 눈을 반짝이며 순식간에 해낸다. 동일 인물인지 의심스러울 정도로 열정적인 아이들을 보니, 교실 안에만 이들을 가둬두었던 것은 아닌가 싶었다.

레드카펫을 깔아주면 아이들은 알아서 쇼를 시작한다. 교사는 어떤 색깔과 모양의 카펫을 골라 어디에 놓을지 고민해야 한다. 그리고 판이 시작되면 교사는 카펫 바깥에서 환호하고 지켜봐 주면 된다. 아이들의 표정과 상황을 세심하게 잘 살피면서 그들에게 필요한 것들을 전달한다. 명심해야 할 것은 교사가 스포트라이트를 받으며 중심에 서려는 순간이다. 교사가 주도하는 순간, 아이들의 마음과 생각은 밀려 나가는 파도처럼 벌써 교실 밖을 빠져나가고 만다. 욕심내지 말자. 어차피 여주, 남주는 이 시퍼런 청춘을 가진 아이들이니까.

tip. 새롭게 새롭게, 샤메크 블루위 기법

1. 초등학생 '유월'이 주인공인 단편영화를 보면서 노래와 춤, 연기가 가미된 부분들을 살펴보며 새로움을 느껴본다.

2. 활동 전후에 '새롭다'라는 것에 대해 충분히 서로 이야기해 본다.

3. 샤메크 블루위 기법으로 사진을 찍는다. 도안을 나눠주고 가운데 부분을 잘라낸 후, 사진을 찍으러 나간다. 교실 안, 혹은 학교 주변을 돌아다니면서 다양하게 찍어보도록 한다.

4. 찍은 사진에 어울리는 노래 가사나 짧은 시를 써 본다.

5. 서로의 작품을 감상하고 댓글로 피드백한다. 가장 많은 '좋아요'를 받은 친구는 누구인지 나눠본다. (평가의 항목은 세 가지로 제시: ①좋았거나 흥미로웠던 점 ②아쉽거나 부족한 점 ③덧붙이고 싶은 말)

'새롭게 보기'는 시야를 확장해준다. 활동하고 나면 아이들은 훨씬 말랑말랑한 상태가 된다. 이제 수업이 들어갈 타이밍이다. 짧고 재미있고 반전이 강한 모파상의 단편소설 『목걸이』를 읽는다. 전개도 궁금증을 유발하면서 빠르게 진행되지만, 결말도 군더더기 없이 깔끔하게 뒤통수를 때리며 쾅 하고 끝난다. 가짜 목걸이를 빌린 줄도 모르고 잃어버린 목걸이 대신 진짜 목걸이를 사서 돌려주게 되면서 주인공 '잔'과 그의 남편은 십 년 동안 빚을 갚게 된다. 그리고 마지막 장면, 목걸이를 빌려주었던 친구를 거리에서 우연히 만나 이 모든 사실을 알게 되는 결말이 클라이맥스다.

독일의 문호 괴테(1749~1832)의 어머니는 이야기를 읽어주다 클라이맥스 부분에서 이야기를 멈추고 다음을 상상하라고 했다. 신박한 독서교육이다. 내 머릿속에서 나오기 힘든 좋은 것을 발견했다면 주저하지 말고 따라 하면 된다.

tip. 소설의 크라이막스 뒷부분 쓰기

1. 고전소설이나 현대소설 중 반전 있는 부분의 내용을 가져온다. 전체 줄거리를 이야기해주고 이어서 쓸 부분은 프린트물로 나누어 준다.

2. 이미 알려져 내용이나 결말을 알 수 있는 소설은 상상을 방해한다. 대중적이고 인기가 많아 줄거리가 알려진 소설보다는 고전 중에서 반전 있는 작품을 찾는다. 소설에서 찾기 어렵다면 영화의 클라이막스 부분을 사용해도 좋다.

3. 이어서 쓰고 나면 패들렛에 올리고 발표해본다. 눈으로 읽는 것과 직접 낭독하며 듣는 감동은 또 다르다.

사진과 영상을 보고, 상상하며 짧은 소설 쓰기

대학교 때 모두가 다 하는 '복수전공'을 하지 않았다. 이유는 임용고시 가산점 때문에 배우고 싶지 않은 과목들을 위해 1년이란 시간을 쏟는 것은 아무래도 아닌 것 같았다. 친구들은 법학과로 영문과로 흩어졌다. 시험 기간에 법전과 영어단어를 암기하는 친구들 곁에서 나는 팔자 좋게 글을 썼다. 국문학과 수업 중 '소설창작론'과 '현대문학평론'을 들었다. 한 교수님의 강의가 좋아서 모든 수업을 수강 신청했는데, 교수님이 따로 불러 겹치는 내용이 많으니 한 과목만 들으라고도 하실 정도로 나는 문학 수업이 좋았다.

정신병원센터에는 중학교 1학년부터 고등학교 3학년까지 20여 명의 아이들이 있다. '어떤 국어'를 가르쳐야 할까?' 고민하다 떠올랐다. 복수전공도 마다하고 그때부터 지금까지 나의 삶에 활력이 되어 준 '글쓰기와 문학'은 병원 아이들에게 가장 적합한 과목이라는 생각이 들었다.

아이들과 소설을 써 보기로 했다. 최근 인기 있었던 영화의 엔딩의 한 장면을 보며 어떤 상황일지, 인물의 마음은 어떨지, 또 뒷부분은 어떻게 될지 이야기해 본다. 영화의 내용을 이미 알고 있어서 다양한 해석이 나오지 않은 것이 아쉬워 다음 시간에는 아이들이 잘 모르는 영화의 장면을 준비해야겠다고 생각했다. 알고 있다는 것이 우리의 생각을 얼마나 좁게 하고 또 방해하는지 모른다.

칸 영화제에서 황금종려상을 받은 영화 '자전거 도둑'의 마지막 장면을 보고 묘사하여 글쓰기를 해보았다. 영화를 요약한 10분 영상을 보여준 다음, '자전거를 훔쳐 달아나던 아버지가 잡혀 결국 자전거를 뺏기고, 눈물을 닦으며 아들과 거리를 걸어가는 장면'을 보면서 무슨 일이 일어났을지 이야기해 본다. 이 영화의 마지막 장면에서 느껴지는 아버지와 아들의 감정을 상상하게 한다. 첫 문장은 '로마 거리 한복판에서 부르노는 아버지의 손을 꽉 잡았다.'로 제시해 주고 뒷부분을 글로 써 보게 했다. 아이들의 살아있는 표현에 나는 섬뜩할 정도로 전율이 왔다.

이번에는 사진을 보고 상상하여 나만의 이야기를 만들어 본다. 준비해 온 사진을 화면에 띄운다. 혹은 사진이 있는 카드 묶음을 가져와 책상 위에 펼쳐놓고 아이들에게 골라가게 한다. 도시의 풍경, 해가 떠오르는 아침, 숲속을 걷고 있는 한 사람, 투명한 유리병, 해변의 거북이 등 다양한 사진을 보고 상상해서 자신의 이야기를 쓰게 했다. 아이들은 집중했고, 주저하지 않았다. 선택한 사진 속으로 성큼 걸어 들어갔다.

사진 속에 어떤 사람들이 있고, 어떤 사건들이 일어날지는 아무도 모른다. 같은 사진도 다른 이야기가 생성된다. 어떤 아이는 로맨스로 또 어떤 아이는 스릴러로 탄생시킨다. 발표하는 시간에는 제법 많은 아이가 손을 들었고, 다른 친구들의 이야기를 유심히 듣는 아이들의 모습도 인상적이었다. 자신이 상상한 세계와 또 다른 세계를 보는 아이들의 표정은 병원이 아닌 다른 공간에 있는 것 같았다.

아이들은 정말 글을 잘 쓴다. 읽다 보면 빠져든다. '바다로 가는 기차를 타고 내려 바닷물에 발을 담그는 나', '그와 헤어지기로 한 것은 내가 살기 위해 놓았다는 여자의 말', '지하철 맞은편 남자가 운명이라는 것을 알지만 말은 건네지 못하는 여자', '일 년 만에 연락한 친구가 이것저것 안부를 묻다가 결국은 300만 원을 빌려달라는 말을 듣고 전화를 끊게 되는 이야기'까지 소재도 상황도 다양하고 재미있다.

아이들의 이야기를 듣느라 시간 가는 줄 몰랐다. 이야기를 들려주는 아이들의 표정이 창밖의 풍경처럼 빛났다.

tip. 사진 보고 소설 쓰기

1. 앞에는 글씨나 문장이, 뒤에는 그림이 그려져 있는 카드 묶음을 구매한다. 세 종류의 카드를 가지고 있는데 유용하게 쓰인다. 실제 학기 초에 아이들과 마음 열고 대화를 시도할 때도 반응이 좋았고, 사진은 상상하며 글쓰기에 딱 맞는 아이템이다. (온라인에서 '대화 카드'로 검색하면 구매할 수 있다.)

2. 카드를 큰 책상에 잘 보이도록 다 펼쳐놓는다.

3. 시간을 주고 아이들이 사진을 1~2장 정도 고르도록 한다.

4. 사진을 보고 천천히 생각하며 글을 쓸 수 있도록 기다린다.

5. 먼저 떠오르는 것들을 생각나는 대로 마인드맵으로 그려도 좋고, 바로 글로 써도 된다.

6. 패들렛에 글을 올리고, 서로의 글을 감상한다. 댓글과 '좋아요'로 피드백한다. (평가의 항목은 세 가지로 제시: ①좋았거나 흥미로웠던 점 ②아쉽거나 부족한 점 ③덧붙이고 싶은 말)

다음은 '어떤 여자가 뒤돌아 뛰어가는 사진'을 보고 상상해서 짧은 이야기를 쓴 것이다.

멀찍이 검은 그림자가 서성인다. 아직은 여유가 있다. 나는 뒤를 돌아보지 않고 티 나지 않게 자연스럽게 걷는다. 걸음은 조금씩 빨라진다. 쫓아오는 검은 그림자도 빨라진다. 점점 가까워진다. 나는 갑자기 미친 듯이 달린다. 숨이 더는 쉬어지지 않는다. 검은 그림자가 곧 내 목을 낚아챌 것이라는 상상. 주먹을 꽉 쥐고 달린다. 순간, 뒤가 아니라 옆에서 누군가 내 몸을 낚아챈다. 거친 숨과 땀이 섞여 내린다. 이제 안전하다는 본능적인 느낌은 나는 주저앉게 만든다.

나를 구원한 이를 이제야 쳐다본다. 정우다. 여기는 왜 있는 걸까? 알 수 없다. 나도 여기에 내가 왜 있는지 알 수 없으니 정우가 여기 있는 것도 이상한 일이 아니다. 정우는 표정이 없다. 나를 그다지 구해주고 싶지 않았던 걸까.

"그런데, 이거 꿈이야."

헉, 눈을 떴다. 어둠과 빛이 교차하며 새벽빛이 시작되는 시간. 아이들은 자고 있다.

더 쓰고 싶은, 소설 쓰기 수행평가

작년 겨울, 어느 분께서 내 SNS에 '하트'를 눌러주셨다.

나에게? 누구길래!

작성했던 글은 내가 요즘 즐겨 읽고 있는 소설로 독서수업을 준비해 봐야겠다는 끄적거림이었다. 그런데 그분의 '하트'에 나는 훅, 하고 소름 돋는 직감이 왔다. '말도 안 돼.'라고 생각하면서 동시에 '그럴지도?' 라는 상상을 떠올리면서 그분의 SNS를 방문했는데 그분은 바로,『회색인간』의 '김동식 작가'였다.

나중에 신문기사를 통해 알게 되었는데, 김동식 작가는 자신이 소설 가가 될 수 있었던 것은 모든 것이 독자의 덕이라고, 독자들의 댓글과 조언에 힘을 얻어 소설을 쓸 수 있었다면서 자신의 스승을 독자들이라고 인터뷰했다. 그래서 김동식 작가는 자신의 이름이나, 자신의 소설이 들어간 글이 있으면 당장에 달려가 '감사의 말'을 전하는 것이었다. 그렇게 나는 김동식 작가님과 이웃이 되고, 초단편 소설집『회색 인간』으로 본격적인 수업을 준비해 나갔다.

일반고등학교 2학년과 3학년을 대상으로 한 '현대문학감상'과 '문학과 매체' 수업이었는데, 『회색 인간』책을 스무 권 구매했다. 아이들에게 김동식 작가와의 인연을 화두로 던지며, 책의 내용 일부를 소개했다. 처음부터 좀비가 등장하고 예상치 못한 사건전개와 생각을 뛰어넘는 결말에 아이들은 적지 않게 놀란 듯했다.

소설 분량이 2~3장으로 아주 짧아서 아이들이 읽기에 좋았다. 무엇보다 교과서와 달리 재미있었다. 그리고 소설 쓰기 수행평가를 예고했는데, 비치된 소설을 빌려 가 완독하는 아이들이 있는가 하면, 평소에 전혀 볼 수 없었던 '낯선 집중력'을 보여주었다. 소설 쓰기 수행평가에서는 아이들의 상상력을 더하기 위해 사진을 보고 상상하거나, 첫 문장을 주고 이어 쓰는 형식으로 진행했다.

대부분 아이들은 글쓰기 시간이 부족하다며 다음 시간까지 연장해 달라고 했다. 이렇게 과몰입해서 소설을 쓰다니, 아이들에게서 완전히 다른 기운이 느껴졌다. 더 놀라운 것은 소설 수준이었는데, 몇몇 이야기들은 흡입력 있게 읽는 이를 끌어당겼다. F는 비 오는 거리에 한 남자 아이가 걸어가는 뒷모습의 사진을 선택했다. 방화범으로 오해받는 주인공 창식이가 화재로 엉망이 된 마을로 다시 돌아오면서 사람들과 겪는 갈등을 그려냈다. '잿빛이 된 길이나 탄내가 나는 마을', '폐가 같은 게 마치 인간들만 쏙쏙 빼서 부랴부랴 급한 짐을 챙기고 나간 꼴'로 마치 사진 속의 상황으로 들어간 것처럼 감각적으로 표현했다. 그리고 마지막 장면의 비 오는 날, 폐가에서 피비린내를 풍기며 새까만 손으로 무엇인가를 탐색하는 주인공의 행동은 섬뜩하면서도 결론을 알 수 없는 상황으로 후속편을 기대하게 했다. 소설의 전체적인 분위기가 영화를 보는 듯 생생해서 몇 번을 탄복하며 글을 읽었다.

또 불타고 있는 도시 사진을 선택한 G는 이야기를 두 구조로 나누어 진행했다. 전반부에서는 "국민 여러분, 지금은 긴급 재난 상황입니다. 5,000만 국민 여러분들은 모두 방독면을 써야 합니다."라는 긴급 재난 안내방송으로 시작하며 긴장감을 조성했으며 후반부에서는 0일 차부터 8일 차의 일기 형식으로 속도감 있게 내용을 전개해 나갔다. 재난 상황을 현재형으로 서술하며 현장감을 높이고, 첫사랑과의 예상치 않은 조우로 호기심을 불러일으켰다. "그리고 나처럼 절망에 빠진 사람이 있다면 모든 실천은 해보라. 실천을 실행한 뒤 실망해도 그 순간을 다시 바꿀 수 있다."는 주인공의 독백으로 마무리하며 재난 상황에서의 인물의 고뇌와 갈등을 깊이 있게 보여주었다.

아이들의 글은 기막히게 재미있었다. 게다가 예상 못 한 깊이는 내면을 흔들었다. 두 시간의 소설 쓰기 수행평가는 한 학기 동안 가장 활발했던 문학 수업이었다.

우리는 모두 어떤 방식으로든 '이야기'를 원한다. 인간은 '문화'란 하등 쓸모없는 현대사회에서 사람들에게 사형선고를 당하면서도 여전히 읽고, 쓰고 노래한다. 우리는 아무리 돌가루가 날리고 묻어도, '회색이 아닌 인간'이니까.

tip. 소설 쓰기 수행평가

1. 짧고 의미 있는 단편을 선별해 아이들에게 이야기해주며 관심을 갖게 한다. (김동식, 김애란, 이기호, 장강명의 단편집을 추천한다)

2. 사진을 주고 상상하게 하거나, 소설의 첫 문장을 주고 시놉시스를 구성하게 한다.

3. 분량은 A4 2/3 이상이 되도록 하고 자유롭게 쓰도록 한다. (시간은 1시간 정도로, 아이들의 요구에 따라 다음 시간까지 연장해도 좋다.)

4. 소설이 완성되면 서로의 작품을 감상하고 댓글과 하트로 평가한다. (평가의 항목은 세 가지로 제시: ①좋았거나 흥미로웠던 점 ②아쉽거나 부족한 점 ③덧붙이고 싶은 말)

소설의 첫 문장을 예시로 주고, 이어 써 보기

1. 그/그녀에게 고백을 받았던 그 날, 헤어진 남자/여자친구에게서 전화가 왔다.

2. 나와 같은 얼굴의 복제 인간이 우리 집 비밀번호를 누르고 들어왔다.

3. 우연히 도와준 노숙인이 자신과 몸을 바꾸면 초능력을 갖게 해 주겠다고 했다.

4. 연락이 되지 않던 형이 아버지의 책상 서랍 안 쪽지를 보라는 문자를 보냈다.

5. 집에 혼자 있는데 위층에서 삐거덕거리는 소리가 들렸다.

6. 그/그녀에게 반드시 기다려달라고 말하고 곧바로 택시를 타고 떠났다.

7. 밖으로 나가지 못한 지 3년째, 밤이 되면 옆집에서 누군가가 벽을 긁는 소리가 들린다.

8. 지하철 2호선, 내 앞에 앉아 핸드폰을 하고 있는 그/그녀는 10년 전 그대로였다.

9. 정전이 되고, 핸드폰 조명을 켜고 있는데 초인종이 울렸다.

10. 실종된 반장의 SNS에 'OO가 범인이다.'라는 글이 올라왔다.

6번 문장에 이어 쓴 소설 예시

그녀에게 반드시 기다려달라고 말하고 곧바로 택시를 타고 떠났다. 새벽 세 시. 어둠이 깔린 거리에는 비틀거리는 이들과 밤을 지키는 노숙인들의 호흡이 짙게 드리웠다. 기림역 1번 출구, 아무도 없었다. 50m 앞 공중전화가 보였다. 수화기는 아래로 떨어져 있었다. 동희가 이곳에 있었을까? 공중전화 주변엔 아무 흔적도 보이지 않았고, 새벽은 더 깊어갔다. 핸드폰이 울렸다. 발신자표시제한. 동희일까?

여보세요. 여보세요. 너, 동희니?

아무 소리도 들리지 않았다. 동희가 전화를 할 줄은 정말 몰랐다. 1년 전 그날도, 동희가 집 앞이라며 전화를 했다. 밤 11시. 이르지도 늦지도 않은 시각이었다. 나는 슬리퍼를 신었다가 다시 운동화로 바꿔 신었다. 늘어진 티셔츠 위에 형의 카디건을 몰래 꺼내 입었다. 동희는 가끔 이렇게 불쑥 집 앞에 찾아오곤 했다. 아무 일 없이. 그러나 그날 밤은 공기가 달랐다.

떠나려고. 이제 시간이 됐어.

동희는 그렇게 말했다. 무슨 시간이 된 것이냐고 묻기도 전에 그녀는 뒤돌아 가고 없었다. 먼지처럼 사라진 거리는 현실 같지 않았다. 그녀는 무엇이었을까. 내게.

나도 시나리오 작가, 팀별 대본 쓰기

올해 초, '양성평등'을 주제로 한 '달려라 지브라'라는 동화극의 대본을 썼고, 8월에 안양아트센터에서 공연을 했다. 아직도 생경하지만, 대본을 쓰고 나니 대본만이 가진 재미와 힘을 알게 됐다. 그래서 아이들과 같이 써 보고 싶었는데, 학기 말 시간이 났다. 학년을 섞고 세 팀으로 나누어 각각 다른 주제, 소재로 대본을 써 나갔다. 결론부터 말하면, 자던 아이도 깬다는 '대본 쓰기' 들어는 보셨나요?

글은 일반적으로 '주제'부터 시작한다. 혹은 소재부터 시작할 수도 있다. 주제를 정하고 나면 주인공이 사건을 끌고 가면서 내용은 만들어진다. 소설에서는 서술로, 대본에서는 인물의 대화로 이야기를 풀어내야 하는데 아이들은 영상을 보는 것이 일상이기 때문에 생각보다 대본쓰기에 쉽게 접근했다. 수업하면서 여러 장르의 글쓰기를 시도해 보는

데, 소설의 묘사보다 대본의 대사가 지금 세대에게 제격이다. 아이들은 짧게 치고 들어가는 대사와 인물의 갈등과 사건의 반전에 능숙하고, 또 흥미로운 이야기를 만들어낼 줄 안다.

웹툰과 웹 소설이 계속해서 드라마나 영화화되는 것이 지금 시대의 흐름이다. 읽는 내내 아리송하고 심각한 작품들을 예술이라고 제시하는 것보다, 지금 세대가 원하고 즐길 수 있는 대중적인 콘텐츠로 접근하는 교육도 필요하다. 교사도 이번 주 인기순위 멜론차트 노래를 듣고, 현재 개봉하는 영화와 핫한 드라마를 보면서, 학교에서는 조선 시대와 일제강점기와 아이들이 관심 없는 작가의 작품들만 가르치고 있으니 재미라곤 찾을 수가 없다. 소통이 되려면 아이들이 관심을 두는 '지금'의 것을 가져와 깊이 있게 이야기해야 한다.

대본을 쓰기 전에 먼저 대본을 읽어본다. 러시아 극작가 안톤 체호프의 『갈매기』의 마지막 장면을 타이핑해왔다. 20대 후반에 대학로에서 연극 '갈매기'를 보고 '니나'에 빠져 한동안 니나의 독백을 읊조리고 다녔다. 연극이 주는 현장감과 긴장감은 영상으로 보는 영화나 드라마와는 다른 결의 감동을 준다. 무대 위의 모든 것들은 살아 펄떡이고 있어서 관객에게 그 모든 것이 생생하게 전해진다. 그리고 관객은 '보고' 있는 것에서 무대 속으로 들어가 '함께'하게 된다.

아이들은 대본 읽기를 좋아한다. 감정을 넣어 실감이 나게 읽는 친구가 있으면 여기저기서 웃음이 터지면서도 끝까지 친구의 목소리를 경청한다. 마지막 대사인 "니나, 부탁이야. 아니면 나도 당신과 함께 떠나게 해줘."의 트레플료프 대사를 몇 명이 따라하기도 한다. 옆 친구는 벌써 니나의 역할에 몰입해 가련한 여주인공의 표정을 짓고 있다.

대본을 읽고 나면, '지시문 채워 넣기'를 해 본다. 지시문을 지운 대본의 한 부분을 아이들에게 주고 써 보게 한다. 서로가 쓴 지시문에 따라 내용이 완전히 달라지는 것을 보면서 지시문에 따른 대사의 중요성을 알게 된다. 대본이 있는 영화나 드라마를 잠깐 시청하는 것도 좋다. 인터넷을 검색해도 대본은 대부분 없어서 교사가 미리 시청할 작품을 보고 타이핑하는 수고가 필요하다.

지시문을 채우고 나면 시놉시스를 구상하고 대본을 쓴다. 먼저 한 명이 대본을 쓰고, 다음 사람이 이어 쓴다. 마지막 사람까지 대본을 쓰고 나면 대본을 썼던 사람들끼리 모여 기획 회의를 한다. 팀원은 3~5명이 적당했다. 내용의 부족한 부분을 수정하고 결론을 어떻게 낼지 상의하여 작품을 마무리한다. 기획 회의를 하는 한 시간은 즐거운 고성이 오고 갔다. 내가 쓴 대본을 왜 이렇게 이어 썼느냐, 혹은 이런 의도로 쓴 게 아닌데 어떻게 결론을 이렇게 내느냐, 아예 중반부터 내용을 바꿔 재수정을 해야 할 것 같다며 아이들은 세상 진지하다.

가르치는 10년 동안 처음으로 알았다. 아이들은 읽고 쓰고 싶어한다. 그러나 여태까지 우리는 아이들을 고려하지 않고 고리타분한 방식으로 가르쳐왔다. "이렇게 먹으면 얼마나 맛있는데!"라며 생양파를 춘장에 찍어 먹는 아재의 방식을 강요했던 것은 아닐까? 꼭 춘장에 양파가 아니라, 양파를 다지고 볶아서 철판볶음밥을 해 줄 수도 있지 않은가. 가르침의 방식은 반세기 동안 크게 변하지를 않고, 생양파를 문 채 울상을 짓는 아이에게 노력하기만을 바랐다. 계속해서 먹다 보면 너희도 그 맛을 알게 될 것이라고, 시간이 지나면 익숙해질 것이라고.

아이들은 대본을 쓰는 순간부터 즐거워했고, 동료가 이어 쓴 대본을 어서 궁금해했으며 결론을 내기 위해 상의하는 한 시간이 짧아 시간을 늘려달라고 했다. 가르치면서 처음 있는 일이었다. 이럴 줄 알았으면 대본 쓰는 시간을 처음부터 길게 잡을 걸 하는 후회가 밀려왔다. 정말 대작이 나왔을지도 모른다는 직감이 지나갔다.

첫 번째 팀은 〈게임을 수업으로 가르치는 학교〉의 이야기를 대본으로 썼다. 아이들은 게임을 잘하기 위해 학원에 다니고, 게임을 잘하지 못한 아이는 성적이 좋지 않아 선생님께 혼이 나고 숙제 또한 게임의 레벨을 높이는 것이다. 내용은 좋은데 문장력이 부족해 아쉬운 작품이었다.

두 번째 팀은 〈대구 지하철 참사 사건〉을 소재로 엄마와 딸의 이야기를 썼다. 시한부 인생이었던 아이가 범인으로 밝혀지면서 체포되는 결론이었는데 가장 반응이 좋았다. 긴박한 사건과 충격적인 반전이 가득한 이야기는 언제나 인기물이다.

세 번째 팀은 〈코로나에 확진된 50대 남성의 도주〉를 소재로 한 이야기였다. 남자 주인공이 아내의 병원비 때문에 격리하지 않고 도망가는 이야기였는데 판타지적인 요소가 섞이면서 여운을 남기는 결말이었다. 분량이 가장 길고 구성이 좋았는데 아이들은 반응은 좀 시답잖았다. 아무리 주제와 내용이 좋아도 소재든 갈등이든 독자의 흥미를 끌지 못하면 효과는 감소한다. 소설이든 대본이든 재미있어야 한다.

대본 리딩시간이 왔다. 대본을 쓴 사람들이 배우를 지명하면 배우는 거부할 권리가 없이 반드시 그 역할을 연기하기로 했다. 각 배역이 정해지는 대목에서 아이들은 긴장하면서도 기대했다. 생각보다 연기를 잘하는 아이들이 있어 몰입하며 보기도 했고, 또 코믹한 장면들은 너무 웃겨서 영상을 찍던 손을 놓치기도 했다. 아이들은 본인이 쓴 '글'이 글 밖으로 나와 살아 움직이고 있는 것을 보며 즐거워했다. 신비로운 표정이었다.

머릿속 이야기들을 꺼내 대본으로 쓰고 읽는 시간은 쓸데없을 것만 같았던 상상이었다. 그러나 아이들은 직접 대본을 쓰고 연기하며 그 실재를 보았다. 자신의 글이 살아있는 것으로 탄생하는 것을 경험하게 된 것이다.

tip. 대본 쓰기와 리딩하기

1. 준비해 온 간단한 대본을 아이들과 함께 읽어본다.

2. 도입으로 지시문을 지운 대본에 지시문을 채워 넣고 읽어본다.

3. 영화나 드라마의 대본을 미리 나누어주고 잠깐 시청하는 시간을 가진다.

4. 공동작가로 팀을 짜서 함께 회의하며 내용을 구상하여 대본을 쓴다. (대본에 대본을 이어 써 보아도 좋다.)

5. 주제와 콘셉트를 확실히 잡고, 장르에 맞게 대사와 지시문을 써 본다.

6. 결론은 대본을 쓴 사람들끼리 만나 기획 회의를 통해 마무리 짓는다.

7. 대본을 리딩할 배우를 정하고 읽어본다.

8. 가장 잘한 팀의 대본에 스티커를 붙이며 서로의 대본을 피드백한다. (직접 연기하고, 촬영하여 UCC 공모전에 응모할 수도 있다.)

다음은 수업시간에 쓴 대본 일부이다. 괄호 안의 지시문을 아이들에게 채워 넣고 읽어보게 한다.

임시선별검사소에 어두운 표정의 낡은 옷을 입은 50대의 남자가 코로나 검사 결과를 기다리고 있다. 마스크에 온몸을 방호복으로 칭칭 두른 검사원들의 모습은 마치 미래의 디스토피아를 보는 듯하다.

검사원: (   ) 김만수 씨, 확진입니다.

남자: (   ) 뭐라고요?

검사원: (   ) 코로나 양성으로 이제 2주간 격리하셔야 합니다. 매일 오전, 오후 두 번씩 온도를 체크해서 반드시 자가진단 앱에 올려 주셔야 하며 그렇지 않을 때는 벌금이…

남자: (   ) 그럴 수 없습니다.

검사원: (   ) 예??

남자: (   ) 저는 그럴 수 없다고요. 저는, 저는…..

(남자 뛰쳐나가고, 검사원은 다급히 전화한다)

남자: 이제 어쩌지? 일단 영암 쪽으로 가자. 그리고 생각해 보자. 방법이 있겠지. 걸리지 않고 2주 버틸 수 있을 거야. 할 수 있어.

남자는 버스를 타고 영암으로 이동한다. 차 안에서 전화를 하는 남자. 목소리는 더욱 침울하다.

남자: (   ) 나야.

여자: 어디예요?

남자: (   ) 며칠 연락 못 할 수 있어.

여자: 무슨 일 있어요?

남자: 괜찮을 거야. 당신은 괜찮지?

여자: 왜 그래요? 무슨 일 있는 거예요?

전화가 끊기고, 남자는 영암터미널에서 내려 대합실에서 가방에서 차가운 김밥을 꺼내 꾸역꾸역 먹는다.

남자: 신이 있다면 너무 가혹한 게 아닌가. 나는 일을 해야 한다고요. 쉴 수 없단 말이야. (김밥을 집어 던지며) 김밥은 왜 이렇게 차가운 거야.

남자는 흐느끼고 사람들은 남자 주변을 피한다. 그때 남자에게로 한 할아버지가 다가온다. 알 수 없는 표정의 할아버지.

할아버지: (   ) 자네, 왜 우는가?

남자: (   ) 뭡니까?

할아버지: (   ) 왜 우느냐고 물었네. 이 시골 터미널까지 와서 말일세.

제3장
'시'를 가르칠 수 있는 용기

그냥 느낌이 오는 '시'는 없을까?

'시'는 어렵지 않다고 이야기해주고 싶지만, 나부터가 '시'에 자신이 없다. '시'의 한 구절만 써도 오그라들어 박박 지우고야 마는 국어교사가 시를 가르치기란 정말 어려운 일이다.

최근 랩으로 경연을 펼치는 방송 프로그램을 보게 되었는데 신선했다. 참 타고난 사람들이었다. 랩이라는 장르를 잘 몰랐지만, 라임 있는 가사들이 재미있었고, 멜로디도 좋아서 찾아 듣고 싶어졌다. 그러다 보니 아이들과 '랩'의 대화에 낄 수 있게 되었다. "선생님도 이 노래 아세요?"라는 말에 "그럼!"하고 하이파이브를 했다. 좋은 것은 그대로 꽂힌다. 주절주절 이유를 달 필요가 없다.

하늘의 별을 표현하는 은유와, 인생의 회전목마를 비유한 직유를 아이들은 공부하지 않아도 안다. 노래를 이토록 즐기고 가까이하는 아이들이 '시는 싫어요. 재미없어요.'라고 하는 것은 '시'가 '노래'와 닮은 것을 마음으로 느끼지 못해서이다. '시'를 시험문제를 만들기 위한 얄팍한 것으로 가르치고 배운다면 우리는 평생 시가 노래이기도 하다는 것을 알지 못할 것이다.

시를 공부하기 전, 충분히 노래 듣는 시간을 가진다. 요즘 아이들이 듣는 노래들을 추천받아 두 세곡 정도 들어본다. 여태 우리가 가르쳐왔지만, 내가 좋다고 생각하는 것을 힘껏 강요한다고 뭐가 되던가. 오히려 일을 그르친다. "이 시, 너무 감동적이지 않니?"라고 교사 혼자 감상에 빠지는 순간, 아이들은 "선생님, 혼자 또 저러시네."라며 저 머나먼 세계로 떠나버린다.

보통 노래 가사와 시의 공통점을 물으면 대부분 아이들은 '없다'고 말한다. 간혹 '있다'고 말하는 아이들조차 눈빛이 흔들린다. 국어수업 현장에서 시는 그렇게 아이들에게 인기가 적다. 병원수업에서 어떤 아이는 "시는 정말 싫어요. 싫다고요. 또 시예요?"하고 고성을 지르기까지 했으니, 그동안 시 수업이 얼마나 재미없었는지 알 수 있다. 교과서의 시는 왜 이렇게 다가서기 어려울까?

이제껏 수업에서 고도의 상징과 비유가 있는 시를 공부하고 가르쳤다. 물론 나에게는 도움이 되었지만, 시 수업으로 인해 아이들이 시를 좋아하거나 더 공부하고 싶다거나 하는 일은 거의 없었다. 그런데 쉬운 시어로 쓰여 해석이 필요 없고 소소한 감동이 느껴지는 시를 아이들에게 읽어주었더니, 아이들은 "이 시는 좀 좋네요. 괜찮네요."한다. 교과서 시는 그렇지 않은데 이 시는 이해가 잘되고 느낌이 있단다. 나태주 시인과 박노해 시인의 시였다. 아이들은 몇 번을 읽어도 좋다고 했다.

교과서의 시는 문학사적으로 의의가 있는 작품이 실리기도 하지만, 무엇보다 시험에 내기에 적합하다. 그래서 교과서의 많은 시는 비유나 의미를 파악해내기 힘든 것들이 대부분이다. 그래야 매력 있는 오답이 나올 수 있고, 아이들이 문제 풀기에 헷갈릴 수 있고, 그리하여 교사는 적절한 난이도의 시험문제를 낼 수 있다. 그리고 아이들은 이 변별력을 위해 시의 의미를 이해하기보다 외운다.

그러나 '진짜 국어 수업'의 시는 다르다. 시험을 보기 위한 시가 아니다. 노래와 시가 닮았고, 이것들이 주는 느낌도 다르지 않다는 것을 알게 해주기 위한 것이다. 시의 뒷부분을 삭제하고 그 부분을 상상해서 이어 써 보기로 했다. 피천득 시인의 "창밖은 오월인데 너는"이라는 시구를 제시했다. 아이들은 생각에 잠긴다. 창밖을 보거나 턱을 괴고 허공을 본다. 그러면서 주의 깊게 내 주변을 보고, 천천히 생각해 본다. 위쪽 창문은 생각보다 뿌옇게 흐려있고, 아래쪽 열린 창문 틈 사이로 보이는 하늘의 색깔은 오늘따라 더 선명하고, 길가의 가로수의 잎은 커다란 플라타너스였다는 사실을 알게 된다. 그리고 아이들은 시의 다음 장면들을 상상한다. 주어진 시구 다음에 올 단어들이 무엇일지 고민하고,

어떤 시어들이 어울릴지 가늠해본다.

아이들이 시의 전문을 모르기 때문에 더 새롭고 좋은 감성이 나온다. 어설프게 알거나 외우는 것보다는 새롭게 접근하는 게 나을 때가 있다. 그래야 얽매이지 않고 시작할 수 있다.

"오늘 이어서 쓴 시, 어땠어?"

항상 느끼지만, 아이들은 생각한 것보다 그 이상을 만들어낸다. 시를 완성하면 패들렛 앱에 올린다. 각자의 이름 아래 +표시를 누르고 자신의 시를 작성하면 된다. 각자의 생각과 감성이 다르므로 이어 쓴 시는 전혀 다른 시가 된다. 아이들은 서로의 시를 읽고 하트를 눌러주고, 댓글을 써 준다. 교사도 솔직한 감상평과 피드백, 그리고 궁금한 점을 묻기도 한다. 수업시간에 이름을 부르며 공개적으로 답을 하는 것에 머뭇거리는 아이도 패들렛의 댓글로 쓰면 부담 없이 질문에 답할 수 있었다.

수업의 1/3의 시간 동안 좋아하는 노래를 듣고, 감동 있고 쉬운 시를 읽고, 시의 뒷부분을 자기 생각대로 써 보았다. 시험이 목표가 아니니, 정답은 없다. 모두의 시가 그 개성과 특성대로 다 아름다워서 그 누구도 낙오되지 않는다. 그것이 진짜 문학수업이다.

수업 후, 아이들의 표정은 밝았다. 예전 수업처럼 '시는 어렵다.'라고 징징대는 아이는 없었으니 성공이다. 시의 관심이 조금은 생겼으니 이제 조금 더 은유를 느낄 수 있는 시로 가면 되겠다. 이렇게 우리는 메타포의 세계로 한 걸음 더 입장한다.

tip. 느낌이 오는 시 수업

1. 아이들이 좋아하는 노래를 찾아 듣는다. 요즘 차트에 있는 노래 중에 가사가 좋고 은유가 있는 노래를 교사가 미리 선곡해 와도 좋다.

2. 아이들이 공감할 수 있는 쉬운 시 한두 개 정도를 준비한다. (나태주, 박노해, 안도현 시 추천) 하나의 시를 세 번 정도 천천히 읽게 한다. 교사가 한 번, 학생 중에 한 번, 그리고 스스로 한 번이 적당했다.

3. 시의 뒷부분을 삭제하고 그 부분을 아이들이 직접 쓰게 한다. (현대 시 중에 사용할 수 있는 작품을 찾아보면 아주 많다.)

4. 이어 쓴 시를 패들렛에 올리고 서로 시를 감상한다.(평가의 항목은 세 가지로 제시: ①좋았거나 흥미로웠던 점 ②아쉽거나 부족한 점 ③덧붙이고 싶은 말)

노래와 춤처럼 우리는 '은유'를 안다

병원 수업의 쉬는 시간은 20분 정도인데 그 시간에 음악에 맞춰 춤을 추는 아이들이 있다. 가까이 가서 보았더니 '춤 동아리'라고 한다. 기존 아이돌의 춤을 따라 하기도 하고, 새로운 춤을 만들기도 한다.

프랑스의 시인 폴 발레리(1892-1945)는 산문과 시를 구분하면서 '산문은 도보'이고 '시는 무용'이라고 했다. 그리고 춤을 춘다는 것은 '시를 쓰는 것'과 닮았다. 보이지 않는 느낌을 표현하기 위해 춤은 동작으로, 시는 시어로 나타낸다.

바꾸어 말하면, 시에도 동작이 있고 춤에도 언어가 있다. 그리고 아이들과 수업을 하면서 시험으로써 '시'가 아니라 춤처럼 '보는 시'가 되었으면 했다. 시의 실체를 본 아이들은 그 속으로 한 걸음 다가설 수 있고, 결국은 시를 쓸 수 있게 될 것이다.

가르쳐보면 시를 쓰는 아이와 소설을 쓰는 아이가 갈린다. 글쓰기 시간을 주면 시 감성을 타고난 아이들은 어느새 휘리릭 시를 쓴다. 소설 감성 아이들은 "그냥 이야기로 쓰면 안 돼요?" 하며 펜만 굴린다. 그러나 '시'를 써 보는 경험을 국어 수업 시간에 해보고 싶었다. 시 감성이 없어도 오그라들어도 한 번쯤은 시를 써 보면 어떨까? 그러다 내 속에 꼭꼭 숨겨진 나도 모르는 것들이 툭 튀어나올지도 모를 일이니까.

아이들에게 핸드폰에 있는 사진 중 마음에 드는 것으로 몇 장을 선택해 오라고 했다. 아이들은 몽골 여행 때 찍은 하늘, 제주도의 푸른 바다, 설거지하는 엄마의 뒷모습, 강아지와 산책하는 사진 등을 가져와 보여주었다. 아이들은 "이 사진은 뭐야? 어디야?"하며 서로 이야기를 이어가느라 바쁘다.

준비해 온 사진을 패들렛에 올리고 떠오르는 말들을 리듬 있게 배열하여 이윽고 '시'를 써 본다. 사실은 다 수업의 하나인데 아이들은 수업 시간에 SNS을 한다는 사실만으로도 기분이 좋고, 사진을 통해 추억에 잠기게 된다. 대상에 빠져들었으니 이제 시를 쓸 시간이다.

핸드폰과 인터넷이 없던 시대에는 종이에 시를 쓰고 어울리는 그림을 그렸다. 하지만 지금은 재미있게 활용할 수 있는 것들이 너무 많다. 교실의 아이들은 시대와 앞서 나가는데, 가르치는 이들은 교과서만 쥐고서 과거에만 머물러있는 것은 아닌지 모르겠다. 패들렛이나 SNS만

이용해도 즐거운 활동을 곁들인 국어수업은 얼마든지 될 수 있다. 물론 핸드폰을 사용하는 수업은 아이들이 다른 행동을 할 수 있어서 교사의 세밀한 주의가 필요하다. 활동이 끝나면 바로 핸드폰을 수거하는 것도 팁이다. 그러나 핸드폰을 이용해 시와 소설을 쓰는 수업을 진행하면서 염려와는 달리, 대부분 아이들은 글쓰기에 집중했다.

찾아보면 수업에 활용할 기기와 자료들은 넘쳐난다. 수업에 흥미롭게 쓸 것들을 교사가 부지런하게 찾고 연구하지 않으면 아이들에게 수업은 동상이몽일 수밖에 없다. 아이들의 필요와 취향을 분석하고 파악해야 하며 국어 교과와 접목한 시대를 읽는 활동들이 이루어져야 한다. 그래서 사진이나 대화 카드, 샤메크 블루위와 타이포셔너리, 포스트잇으로 글쓰기, 패들렛을 활용한 피드백 등의 활동들이 수업 내에 필요하다.

아이들은 시를 쓴다. 쓰면서 알아간다. 리듬감이 살아나고, 각운이 맞춰진다. 시어를 고심하게 되고, 그 순간의 감정을 담아낼 은유를 찾게 된다. 간단해도 좋다. 시란 원래 짧은 글, 운문이 아니던가. 그렇게 사진 아래 시를 쓰고 해시태그까지 쓰면 오늘의 시 쓰기 수업은 완성된다.

'은유'를 의미하는 메타포(metaphor)의 meta는 '초월'이며 phor는 '이동'의 의미다. 소설이나 수필과 달리 '언어 이상의 감정'을 표현하는 것이 시다. 시는 순간의 느낌을 설명하지 않고 시적인 언어로 나타낸다.

'초월의 이동'처럼 시는 언어의 한계를 뛰어넘는다.

결국, 아이들이 수업을 통해 이 초월을 경험하도록 이끄는 것이 중요하다. 그리고 '시란 무엇인가?'라는 원론적인 질문에 충분한 고민 없이 시를 읽기는 쉽지 않다. 교사도 아이들도 마찬가지다. 시 본문으로 들어가기 전에, 시에 대한 개념을 교사가 알기 쉽게 설명해주고, 같이 이야기를 나눠보면 좋다.

다음은 시 수업 시간 도입의 예다.

애들아, 예를 들어 '사랑'을 시의 언어로 표현한다고 해볼까?

명확하게 보이지도 설명할 수도 없고 모호하지? 이것을 언어로 표현하는 것이 시인의 작업이야. 시인은 자신의 상상 속에서 눈에 보이지 않는 '사랑'을 표현할 수 있는 최대치까지 끌어올리거든. 그래서 가장 근접한 '사랑'을 보여주는 시어와 시구를 만들어내.

그래서 시에 사용되는 표현들은 일반적으로 낯설 수밖에 없어. 시인이 고르고 고른 시어와 표현들은 우리가 알고 있는 글자인데, 마치 우주 밖의 무엇처럼 뾰족하고 생소하잖아? 역설이나 은유 등의 방법들은 시인이 멋있어 보이기 위해 쓰는 것일까? 아니야. 시인이 초월의 언어를 사용하다 보니 그러한 표현이 나올 수밖에 없고, 그래서 시는 정제되고 압축적이지.

시인은 무수한 생각 속에서 깎고 다듬어 만들어진 언어를 읽는 이에게 '시'로써 던져. 시인은 이렇게 오늘도 '사고'와 간극' 사이를 메우며 살아가고 있어. 그렇다 보니, 시의 세계를 이해한다는 것은 쉬운 작업은 아니긴 해.

그럼, 시를 표현하기 위해 자신만의 언어를 찾아 세상을 돌아다니는 시인이 있다면 어떨까? '영원과 하루'라는 영화가 있는데, 거기에 나오는 시인은 시에 쓸 언어들을 찾아다니고, 결국 그 값을 치르고 언어를 갖게 되거든. 대체 그게 뭐라고 말이야. 그런데 조금은 궁금해지지 않니? 세상을 돌아다니며 그토록 '그 언어'를 찾아 헤매는 시인의 마음 말이야.

tip. SNS 시쓰기

1. 자신이 찍은 사진 한 장을 준비한다.

2. 원하는 패들렛에 사진과 사진에 어울리는 시를 쓴다.(연과 행을 구분하여 쓰도록 지도하고, 표현하고 싶은 감정에 어울리는 시어와 구절을 같이 고민하며 쓰도록 한다.)

3. 시 아래 해시태그를 쓰고, 패들렛에 올린다.

4. 서로의 시를 감상하고 피드백한다. (평가의 항목은 세 가지로 제시: ①좋았거나 흥미로웠던 점 ②아쉽거나 부족한 점 ③덧붙이고 싶은 말)

비눗방울이 날아가는 베란다 풍경 사진'을 보고 시 쓰기 예시

오후의 나락

멀리 날아가는 꿈

햇빛 속으로

아스라이 사라지는 것들

손으로 가리지만

새어 들어오는 빛

눈을 감고 생각해

희미해진 시간을

낡아가는 하루의 끝에

손가락 사이로 빠져나가는

늦은 오후 4시 23분의 정적

#오후4시 #비누방울 #시간 #정적 #꿈 #날아간다 #감성 #시쓰기수업 #그냥느낌오는대로 #정답은없으니까

시, 어떻게 읽을까? 시 빈칸 채우기

시는 구구절절하지 않다. 예기치 못한 단번의 사랑 고백 같아서 감성을 제대로 건드린다. 받은 충격 덕분에 한 번이 아니라 여러 번 곱씹게 된다. 그래서 시는 천천히 여러 번 읽어야 맛이다.

대학교 1학년, 봄이었다. '시 창작론'을 수강 신청했는데 담당 교수님은 시인이셨다. 교수님은 첫 수업에 'A+' 받는 방법이 있다며 학생들을 솔깃하게 했다. 지금 나눠주는 시를 가장 '시답게' 읽는 학생에게 이번 학기 수업 과제나 시험 여부와 상관없이 'A+'를 주시겠다고 하는 것이 아닌가. 모두가 긴장하고 소리 내 '시 읽기'를 연습했다.

드디어 몇몇이 손을 들고 '시 읽기'에 도전을 했으나 교수님은 "그만, 거기까지. 다음 사람!"을 외치셨다. 그리고 나의 친구 M이 시를 읽었다. 하이틴 영화처럼 3월의 햇살은 M의 옆얼굴을 빛나게 했고, 마침 바람이 불어 허리까지 오는 긴 머릿결이 살짝 날렸다 가라앉았다. M이 시를 다 읽고, 한참 여운이 남았다. 강의실 안은 정적이 흘렀고 교수님도 잠시 아무 말도 없으셨다. M은 그날 수업에서 'A+'를 받았다. 그때 나는 "M이 예쁜 데다 목소리가 좋아서 그랬을까? 교수님도 역시 예쁜 아이를 좋아하시는구나."라고 생각했는데, 시 수업을 할 때마다 그때 시를 읽던 M의 목소리가 생각난다.

그렇게 국어를 가르치며 다시 돌이켜보니, M은 시의 '행간'을 읽고 있었다. 인쇄된 검은 글씨만 읽었던 사람들과 달리 그녀는 행과 연 사이의 여백을 충분히 이해하고 살려 읽었다. 다른 사람들은 연과 행 사이를 기계적으로 쉬어가며 읽었고, 시에 몰입하기는커녕 오히려 시의 분위기를 방해했다. 그러나 M은 제목과 시인의 이름을 나직하게 천천히 읽으면서부터 단어 위를 걷고 있는 느낌이었다. 읽는 동안 시 속의 풍경이 상상되고, 감정은 고스란히 전달되었다. 마치 시냇물 돌다리를 조심스럽게 건너듯 사뿐사뿐 걸음을 옮기는 것 같았다. 흐르는 물에 흠뻑 젖지 않게, 그렇다고 튀어 오르는 물방울은 피하지 않으면서 서서히 젖어 들어가는 기분이었다.

교사가 시를 읽을 때는 유의할 필요가 있다. 얼굴이 좀 붉어지더라도 교사는 시의 화자가 되어야 한다. 교실의 분위기와 상관없이 몰입하여 시 속으로 들어가야 한다. 최대한 행과 연을 쉬면서 읽고 천천히 시간을 두고 시어를 떠올리며 생각에 잠겨 읽어야 한다.

읽고 나서는 아이들에게 스스로 다시 한번 읽도록 지도한다. 원하는 아이가 시 낭송을 해보는 것도 좋다. 남자와 여자친구 각각 한 명씩 골라 따로 읽으면 더 좋은데 남녀의 다른 목소리가 시의 느낌을 다르게 전달하기 때문이다. 마지막으로 시를 읽고 바로 설명에 들어가지 않는다. 말을 하지 않는 잠깐의 시간 동안 아이들을 시 속에 머물게 한다. '시집'이란 책은 한번 후닥닥 읽고 끝을 내는 책이 아니기 때문이다. 오히려 하나의 시를 오래, 천천히, 그리고 다시 읽고 생각한다. 마음에 닿는 부분은 멈춰 서 읽는다. 느낌이 오는 부분과 숨은 의미들을 고민해 본다. 그렇다면 '대체 언제까지 읽는 게 좋냐?'고 질문할 수도 있겠다. 답은 무한이다. 느낌이 올 때까지, 혹은 읽고 싶지 않을 때까지. 시에서 보이는 것과 보이지 않는 것을 상상하고 찾아내는 것이 시의 결을 알아가는 방법이다.

이제 아이들과 '나만의 일곱 단어'를 찾아볼 것이다. 먼저 진은영 시인의 '일곱 개의 단어로 된 사전'의 전문을 여러 번 읽는다. 그리고 시인이 고른 시어들을 보면서 나만의 시어들을 생각해 본다. 진은영 시인의 시는 그냥 '시'답다. 시어 하나하나가 문장이 너무 아름다워서 서툰 목소리로 읽어내기가 버겁다.

시에서 지운 시어들을 아이들에게 맞춰보라고 했는데 하나도 모르겠다는 반도 있고, 몇 개씩 단어를 툭툭 뱉으며 시 감성을 드러내는 아이도 있다. 아이들은 시인이 새롭게 창조한 단어의 의미들을 곱씹어본다. 그에 맞는 단어들을 감정과 마음을 모아 무엇일지 고민한다. 시의 연마다 지워진 단어를 맞추는 일은 생각보다 난이도가 있는 일이었다. 단순한 스피드 퀴즈와 달리 시어를 설명한다는 것이 어려웠고, 시 전체를 읽고 지워진 시어 앞뒤를 읽어가며 가리어진 부분을 상상해 내는 것에는 신선한 사고가 필요했다.

처음에는 문맥만 보고 맞추기를 했는데 쉽지 않아, 초성을 힌트로 주었다. 별별 단어가 다 나오고 아이들은 아무 말이나 던진다. 아이들이 이렇게 활발하게 참여하는 날은 더욱 즐겁다. 누가 더 잘하고 못하고를 판단할 수 없고, 모두가 참여할 수 있어 그렇다. 그러다 보니 어느새 초성 맞추기 퀴즈가 되어버렸고, 승부욕에 들끓는 아이들은 핏대를 세워가며 맞추기 시작했다.

폴 발레리의 시 '노르웨이 숲'에서 시어를 삭제하고 아이들에게 어울리는 시어를 맞춰보게 했다. 폴 발레리의 '노르웨이 숲'은 시의 제목만 보면 동명의 일본소설이 떠오른다. 베스트셀러였던 이 책은 제목만으로도 굉장히 은유적이고 독자의 호기심을 끌었다. 불확실한 미래와 서툰 젊은 날, 스스로는 알 수 없는 반짝이는 청춘, 영영 잃어버린 순수의 조각들은 '상실'이라는 주제를 뼈아프게 전달한다. 그리고 동일한 제목의 두꺼운 소설과 짧은 시는 분량과 상관없이 같은 맥락에서 '순수'를 겨냥한다.

폴 발레리의 '노르웨이의 숲'을 읽는다. 아이들과 천천히 여러 번 읽어본다. 누구에게나 순수했던 한 시절이 있다. 시의 화자가 노르웨이 숲을 걸었던 기억을 추억하는 것이 핵심은 아니다. 화자는 순수했던 사랑의 시절들이 사라진 것에 대한 상실감과 돌아갈 수 없는 이 불가능한 상황을 노래하고 싶어한다.

'조용히 죽어있는 순수'는 아련하지만, 다시 돌아갈 수 없다. 이 '순수로 절대 돌아갈 수 없음'을 시인은 화자를 통해 어떻게 시적 언어로 표현할지 무수히 고민했을 것이다. 그래서 결국, 시인은 '노르웨이 숲'을 가져오고, '잃어버린 순수'를 표현할 수 있는 것들을 찾고 또 찾아 시를 완성했다.

머릿속의 몽글거리는 수많은 생각을 우리가 사용하는 언어로 얼마만큼 표현할 수 있을까? 생각을 표현으로 매일 수 없이 나타내려고 애쓰지만 답답할 때가 많다. "그, 있잖아. 그, 그거."라고 말하는 나 자신을 종종 목격하는 것을 보면 그렇다. 이렇게 '사고와 언어 사이의 간극'은 컴컴한 맨홀처럼 깊고도 멀다. 그리고 시인은 사고와 언어 사이의 간극을 메우고, 독자에게 시로써 그곳에 도착하게 한다. 그곳은 현실을 초월한 언어의 세계다.

소설은 독자가 플롯 있는 이야기를 읽으며 그 분위기와 상황을 직접 따라가지만, 시는 반은 그렇고 반은 그렇지 않다. 깊이 있는 시일수록 더욱 그렇다. 시를 들여다보는 것에는 마음이 필요하며, 독자에게는 시의 숨겨진 것들을 찾아야 하는 여정이 남아있다. 그리고 아이들은 "이렇게까지 시를 봐야 해요?"하고 투덜댄다. 나 역시도 그랬고, 지금도 그러한 과정 중에 있다. 하지만 이런 시를 제대로 읽고 느끼고 이해한다면 소설에서 주는 것과 다른 '새로운 다른 차원의 감동'으로, '시'라서 '또 읽고 싶어지는 재미' 속으로 들어가게 될 것이다.

tip. 시 빈칸 채우기

1. 시를 여러 번 천천히 반복해서 읽고 생각할 시간을 준다. ('시'답게 읽는 친구에게는 작은 선물이나 혹은, 칭찬을 가득 해 준다.)

2. 시의 행에서 중요하다고 생각되는 시어를 가리고 프린트물을 나누어준다. (진은영의 '일곱 개의 단어로 된 사전' 시는 각 연의 첫 행이 명사로 시작되기 때문에 시 빈칸 채우기 수업으로 쓰기에 좋았다.)

3. 아이들이 시를 읽으며 앞뒤를 유추하여 가리어진 시어를 찾게 한다.

4. 시 원본의 시어를 알려주고, 다시 시를 읽게 한다. 그 시어가 그 자리에 어울리는 이유를 각자 말해본다.

시어와 시어의 만남, 시 콜라주 만들기

시 수업을 몇 번 하며 산을 넘었다. 그러나 아이들은 "또 시예요?" 하는 가슴 저며오는 멘트를 날린다. '시'라면 배우는 사람도 머리를 싸매지만, 교사도 마찬가지다. 교실 문을 열고 나오면서 예상한 좌절과 예기치 못한 실망이 밀려오는 것을 보면 그렇다. 그래도 웃으며 아이들을 바라보고, "오늘은 재미있는 것 하려고 했는데, 그냥 하지 말까?" 하며 익숙하지 않은 밀당의 기술을 써 본다. 가르친다는 것은 인고의 시간이다.

그러나 이 수업만큼은 달랐다. 바로 아이들이 가장 좋아하고 재미있어했던 '시 콜라주' 수업이다. 시를 공부하는 것도 어려운데, 시를 써 보자고 하면 아이들은 괴성을 지른다. '시 콜라주'는 아이들에게 실제적인 시를 스스로 써 볼 수 있는 좋은 활동이었다. 또 '시'가 '노래'일 수 있다는 것을 확실하게 알려줄 수 있었다. 한국인만큼 노래를 좋아하고 즐겨 부르는 민족이 또 있을까. 실제로 거리에 즐비한 노래방을 봐도 그렇고, 필자가 독일에 거주할 때 '성악'을 공부하기 위해 독일에 오는 한국 유학생들이 넘쳐나는 것을 봐도 그렇다.

아이들도 마찬가지다. 매일 학교를 오가면서, 쉬는 시간이나 점심시간에 집에 돌아가서도 아이들은 노래를 듣는다. 귀에 꽂힌 멜로디나 마음에 닿은 가사가 있으면 듣고 또 듣는다. 노래에 따라 어떤 노래는 이어폰으로, 어떤 노래는 스피커로 들어야 맛이 난다. 그렇게 과할 정도로 노래를 애정하는데 아이들에게 '노래'는 '시'라고 말해주어도 믿질 않는다. 답답한 노릇이다. 같은 것을 같다고 하는데 아이들은 고개를 흔든다. 시험으로만 '시'를 배워왔으니, 아이들 속에 시의 감성과 리듬이란 대체 살아있질 않다. 시커멓고 텁텁한, 그러한 노잼의 '시'가 이렇게 좋은 '노래'와 같은 맥락이라니 아이들은 인정하고 싶지 않은가 보다.

설명이 길어지면 잔소리가 된다. 설명은 짧게 하고, 노래를 듣는다. 가사가 쓰인 프린트물을 나눠주고 노래를 감상한다. 요즘 아이들이 듣는 노래 중 은유적인 가사가 있는 네다섯 곡 정도를 프린트하고, 노래를 들으면서 서로 다른 가사를 섞어 조합해보았다. 아이들은 "가사, 너무 좋다!"며 나눠준 가사를 읽는다. 벌써 여기저기서 따라부르기 시작한다. 아이들이 관심을 보인다면 '시 콜라주' 수업은 벌써 성공이다. 이제 가사 중에 마음에 드는 구절을 체크하기만 하면 된다.

시 콜라주의 장점은 힘을 들이지 않아도 된다. 단점이라면 '아무 말 대잔치'가 될 수도 있지만, 걱정하지 말자. 한 번도 시를 쓰지 않고 학교를 졸업하는 것보다 어떤 말이든 내뱉어 시를 써 본 경험을 가져보는 편이 더 낫다.

'시 콜라주'는 단어와 단어, 혹은 문장과 문장을 조합한다. 각각의 노래 가사 중에 어울리는 말들을 이어 붙이는 것이기 때문에 누구나 쉽게 할 수 있다. 물론 정답도 없고 가장 잘한 사람과 못한 사람을 나눌 기준도 없다. 준비물은 노래 가사의 프린트와 찢거나 잘라도 되는 잡지나 신문, 책 등이다. 아이들은 가지고 온 책이나 신문에서 마음에 드는 단어를 골라 자르거나 찢어서 빈 종이에 붙이며 시를 만들어 나간다. 갖다 붙인 시어 사이사이의 부족한 단어나 조사는 첨가해도 좋다. 또 수기로 쓰거나 패들렛에 작성해도 무방하다.

책이나 신문, 잡지의 단어를 잘라서 하는 것도 좋았고, 노래 가사를 섞어 시를 만드는 것도 쉽고 간단했다. 노래를 고를 때의 전제 조건은 1차원적인 가사보다는 감각적인 단어나 문장이 있는 노래로 선별하여 선택한다.

노래를 듣고 가사를 이어 쓰는 시간, 아이들의 표정이 진지했다. 작사가처럼 아이들은 음악을 들으면서 시어를 조합한다. 앞뒤 문장이 이어지고 또 어울리도록 조합해야 해서 아이들도 한 시간 내내 고민이 많았다. 아쉬웠던 점은, 동일한 노래를 주고 가사를 섞다 보니 비슷한 느낌의 시들이 많이 나왔다. 수행평가가 아니라면 굳이 같은 노래로 하지 않아도 되기 때문에 자신이 원하는 노래 세 곡 정도를 준비해 시 콜라주를 만드는 것도 좋겠다. 모두 다른 노래들을 섞는 것이기 때문에 완성하고 나면 색다른 느낌의 '시'들이 탄생할 것이다.

책이나 잡지를 이용해 쓴 시는 시어로 쓸 수 있는 단어가 한정되긴 했지만, 오히려 생각하지 못한 시가 탄생하기도 했다. 원문의 작가들이 고심하며 뜻을 담아 만든 단어와 문장들을 잘라 붙여 '나만의 시'로 만들어 본다. '시 콜라주'를 완성한 아이들은 '이렇게도 시가 되네.' 하며 만족스러워했고, 감성 있는 가사를 이어 쓰며 노래까지 들으니 좋았다고 한다.

시의 틀을 익혀보았으니, 이제 마음과 생각을 넣어 시를 써 보자. 한 줄이라도 솔직한 시를 써 보는 것이 진짜 시 수업의 목표였다, 포장만 멋진 알맹이 없는 문장의 나열은 한 번 정도로 족하니까. 글쓰기의 기본은 진실함이다. 자신에게 솔직한 사람은 좋은 글을 쓸 수 있다.

tip. 시 콜라주 수업

1. 가사가 은유적인 노랫말 4~5가지 정도를 프린트해 온다. 또는 찢거나 잘라도 되는 책이나 잡지 신문 등을 준비한다.

2. 노래 가사를 어울리게 섞거나, 가져온 책이나 잡지 등에서 시에 넣고 싶은 단어를 골라내 오리거나 찢는다.

3. 시어와 문장 등을 어울리도록 조합해 나만의 시 콜라주를 완성해본다. 필요한 조사나 단어는 첨가해도 좋다.

4. 완성한 시에 어울리는 사진을 더해 패들렛에 올리고 발표해본다.

5. 댓글로 서로의 시 콜라주를 읽고 인상적이었거나 좋았던 점, 아쉬운 점과 보충하고 싶은 점으로 나누어 평가해본다.

타이포셔너리, 나만의 시어 표현하기

    수업을 바로 시작하는 경우는 없다. 대안학교나 병원수업도 '국어의 즐거움'이 제일 큰 목표다. 평가는 해야겠지만 '시험'이 1번은 아니다. 우리는 다양한 감정을 가지고 살아가지만, 수많은 상황과 사람들과의 관계 속에서 자신을 제대로 표현하지 못할 때가 많다. 머뭇거리다 끝내 후회하고, 때로는 아무 시렁도 않아도 될 남들의 시선이나 자존심 때문에, 혹은 나서지 못하는 쭈뼛한 성격 탓에 스스로와 타인에게 솔직하지 못할 때가 많다. 문학은 그런 감정들을 직면하게 해 준다. 그래서 문학 작품을 읽으며 우리는 희열을 느끼고 마음이 정화되는 것을 체험한다.

    국어 수업에서 아이들의 다양한 이야기를 들으며 감정이 밖으로 나오는 것은 중요한 과정이다. 학기 초에 '이 선생님은 믿을 만해.'라는 관계가 형성되면 아이들은 매시간 수업에 방해가 될 정도로 시키지도 않은 말까지 한다. 날씨가 좋으면 나를 끌고 벌써 밖으로 나갈 기세다.

실제로 아이들과 바람과 공기를 맛보며 걷다 보면 구속되지 않은 감성이 나오기도 한다. 이렇게 말로써 글로써 자신의 내면을 풀어내다 보면 묶여있던 감정은 저절로 나온다. 기쁨과 슬픔도, 분노와 좌절도, 즐거움과 나른함도 밖으로 술술 풀려나온다. 그래서 수업 시작 5분 정도는 서로의 근황을 나누거나 활동 카드로 사진을 서로 고른 후, 이야기를 나누며 마음을 연다. 내 가방에는 늘 젤리와 사탕 등의 간단한 간식이 들어있다. 예상치 못한 재미있는 발표를 하거나, 활동을 열심히 하거나, 친구를 배려할 줄 알거나, 귀찮은 일도 마다치 않는 아이들에게 가방 속 작은 선물들을 건넨다.

아무것도 아닌 것에 아이들은 환호성을 지른다. 마침 배가 고팠다며 얼마나 좋아하는지 모른다. 사탕 하나와 작은 젤리는 아이들의 용돈으로도 충분히 살 수 있다. 그러나 아이들은 수업시간에 열심히 참여하고 받은 이 대가를 소중히 여긴다. 별 것 아닌 것에 대한 기대는 쌓이고, 아이들은 그 시간을 자기도 모르게 기다린다. 게다가 교사와의 관계도 돈독해지는 효과까지 있다. 아이들은 근황 토크에 온종일 공부 안 하고 이렇게 수다만 떨면 좋겠다고 하는데 "그래도 너희 만나려고 선생님이 한 시간 지하철 타고 왔잖니?"하고 다독이며 본론으로 들어간다.

오늘은 시를 읽고 시어를 골라 떠오르는 이미지를 만들어 보기로 했다. '타이포셔너리'를 활용한 시 수업이다. '타이포셔너리'는 시각 디자인 기법으로 텍스트에 자신의 생각이나 의도를 그림으로 표현하는 것이다. 미적인 감각이나 재능이 있으면 좋지만, 없다면 느낌이 오는 대로 끄적인다 해도 충분히 해낼 수 있다. 지금은 미술 시간이 아니라 국어 시간이니까 이미지를 너무 잘 표현하려고 노력하지 말자. 좀 엉망이 되어도 실망할 필요가 없다. 시 수업 활동이니 꾸미기보다는 '시어'에 좀 더 집중하기로 한다.

밑줄 그은 단어 중의 하나를 골라 그 단어를 떠올렸을 때 상상이 되는 이미지를 글씨에 입힐 것이다. 자음과 모음 일부를 이미지로 만들어보는 것인데, 제시된 시어 외에도 고르고 싶은 부분이 있다면 골라도 된다.

'타이포셔너리'를 통해 단어의 뜻을 이미지로 표현해본다. 이 활동은 자연스럽게 의미를 떠올리며 이미지와 텍스트가 어우러지는 작업이다. 예를 들어, '마음'이라는 자음 'ㅁ'이나 'ㅇ' 대신 하트 모양을 넣어 표현하거나, '문제'라는 글자에서 자음 'ㅁ'에 책 모양을 넣거나 모음 'ㅔ'에 퀘스천마크를 넣어 꾸미는 것이다. 가볍게 자신의 이름을 이미지로 꾸미면서 타이포셔너리를 연습해보고, 자신만의 '시어'를 찾는 시간을 가져도 좋다. 시를 읽으면서 떠오르는 느낌을 색깔로 모양으로 표현해본다. 따뜻하고 말랑한 '연두'부터 차분하고 밍밍한 '노랑'까지 아이들은 마음의 말을 색깔로 빚어낸다. '시어'가 주는 색깔과 의미를 포스트잇에 써서 칠판에 붙이고 발표가 낯선 아이들의 것은 내가 읽어준다. 문학수업이나 토론 수업에서 포스트잇을 자주 쓰는데 아주 활용도가 좋다. 이러려고 포스트잇은 탄생했나 보다.

다음으로는 자신만의 일곱 개의 단어를 써 본다. "지구가 멸망한다고 가정하고 일곱 단어를 남겨야 한다면?"이라고 질문하며 단어를 쓰라고 했더니 아이들은 생각이 더 잘 나는 듯했다.

Q 나만의 '일곱 개의 단어'는 무엇일까?

겨울, 구름, 별, 사랑, 사탕, 멸망, 나

희망, 신발, 나팔꽃, 연필, 지구, 포옹

친구, 과거, 어둠, 슬픔, 배려, 고마움

안경, 초콜릿, 스마트폰, 과자, 라면, 빵

존중, 믿음, 물, 지구, 칭찬

상처, 극복, 창문, 생일, 가을

애증, 허황, 악몽, 애정, 갈망

정열, 감수성, 빛, 천사, 추억

뮤지컬, 가족, 사랑, 무지개, 강아지, 비, 나무

사랑, 찬양, 말씀, 회개, 기도, 믿음, 소망

병원 아이들은 감성감성한 단어들을 많이 선택했는데 대안학교 아이들은 역시나 종교색이 강하다. 꼭 일곱 개의 단어를 다 쓰지 않아도 된다. 아이들이 생각나는 만큼, 쓸 수 있는 만큼 지도한다. 시어를 골랐다면, 이제 '타이포셔너리'로 자신이 고른 단어에 새로운 의미를 부여하고 이미지로 나타낸다. 색종이에 네임펜으로 어울리는 그림을 그리고, 아래에는 새로운 단어의 의미를 만들어 보았다.

아이들은 아이패드로 쓱쓱 훨씬 더 잘 그려내는데, 사인펜으로도 아이들은 뚝딱 잘 만들어냈다. 교재에만 있는 시는 아이들에게 단순한 '글자'다. 그러나 이것에 자신의 이미지와 색깔을 넣어 만들면서 글자는 달라진다. '타이포셔너리' 활동은 상상력을 발휘하여 시어를 새롭게 볼 수 있는 좋은 활동이다.

이미지로 표현한 아래에는 단어를 꾸미면서 들었던 생각을 한 줄로 메모한다. 그 단어가 나에게 주는 느낌과 스스로가 그 단어에 부여하고 싶은 의미를 써 본다. 아이들이 문학 천재가 아닐까 싶을 정도로 시적인 표현들이 나왔다. 사랑이란 '차가운 모닥불은 부름에도 대답하지 않는다.'거나, 시간은 '너와 나의 짧은 이야기의 쪽수', 아이스 아메리카노는 '오후를 깨우는 느낌표'처럼.

시는 그 순간의 감정을 정제된 언어로 집어내는 것이므로 더욱 감각적일 수밖에 없다. 우리는 그러한 시 속으로 성큼 들어와 버렸다. 솔직한 감정을 감각적으로 풀어내기 위해 고민하는 즐거움을 알고야 말았다. 우리 주변의 모든 익숙한 것들을 새롭게 보고, 찰나의 감정을 표현해보았다.

이렇듯, 시는 새롭다. 기존 언어의 선을 넘는다. 그러나 새롭다는 것은 결국 무에서 유를 창조하는 것이 아니다. 우리를 둘러싼 이 모든 세계를 아우르면서, 내면에 감추어진 모습을 드러내는 것이니까.

tip. 시어로 타이포셔너리 수업

1. 시를 준비해 온다. 시어에 어울리는 이미지를 더해야 하므로 시의 행마다 은유적인 단어가 명확하게 보이는 시로 준비한다.

2. 시어를 지정해주거나 아이들이 고른 시어에 어울리는 이미지를 그려보게 한다. 종이에 색연필이나 사인펜으로 직접 그려봐도 좋고, 아이패드를 이용해도 좋다.

tip. 나만의 시어 표현하기 '일곱 개의 단어' 수업

1. '타이포셔너리'로 시어에 그림을 그려본 후, 추상적이고 은유적인 나만의 일곱 개의 단어를 골라본다. ("지구가 사라지고 일곱 개의 단어를 남겨야 한다면?"의 질문을 던지고 고르게 했더니 더 쉽게 생각할 수 있었다.)

2. 고른 단어에 자신만의 고유한 의미를 창조해보고, 시어에 이미지를 더해본다.

3. 패들렛에 올리고 서로의 작품을 감상하고 댓글을 달아본다.(평

가의 항목은 세 가지로 제시: ①좋았거나 흥미로웠던 점 ②아쉽거나 부족한 점 ③덧붙이고 싶은 말)

제4장
너, 나와! 독서토론 펀치

교실에서 '토론 수업'은 가능할까?

우리는 진짜 토론을 경험해 본 적이 없다. 안타깝게도 가정과 사회, 학교에서 모두 그랬다. "왜요?"라는 질문은 "어디서 어른한테 말대꾸야?"라는 답으로 돌아와 다시는 입을 열지 못하게 되었다. 그렇게 자란 나도 '말'보다 '글'이 편해졌고, 그런 내가 아이들과 '토론 수업'을 한다는 것은 쉬운 일이 아니었다. 그런데 대안학교의 '사회문제' 독서수업에서 토론은 꼭 필요한 활동이었다. 토론 초보러인 나는 아이들이 논제에 관심을 가지고 자유롭게 이야기를 나누며 토론 후, 자기 생각을 논리적인 한 문장으로 말하거나 쓸 수 있는 것을 수업의 목적으로 정했다.

토론의 논제는 현재 쟁점이 되는 사회문제 중 아이들이 원하는 것으로 선택하게 했다. 수업 도입은 뉴스와 신문 등의 자료를 활용했고, 논제 관련 영화나 책을 소개했다. 외국인들이 한국어로 토론하는 '비정상회담' 영상을 수업 내 5분 정도 시청했는데, 논리적으로 의견을 제시하는 모습이나 토론의 방식을 배우기에 좋았다. 초등학생부터 고등학생까지 학급별로 토론 수업을 진행해 보았으며 토론시간은 한 논제에 2시간 정도가 적당했다.

반의 모든 아이가 참여할 수 있도록 찬반 의견을 제시할 때는 색깔이 다른 포스트잇을 이용했다. 예를 들어 찬성 의견은 분홍색, 반대 의견은 파란색의 포스트잇을 나눠주고 각각 주장의 근거를 쓰게 했다. 토론은 고전식 토론방식으로 이끌어갔고, 가능한 많은 아이가 참여할 수 있도록 노력했다. 관심 있는 주제의 토론 수업을 통해 아이들은 말하기 시작했고, 토론 수업이 거듭될수록 자신의 의견을 논리적으로 정리하는 능력이 키워졌다. 짧은 기사 쓰기, 주제 글쓰기, 슬로건 만들기, 샤페크 블루위 기법 등 토론 후 활동을 글쓰기와 연계해 수업했다.

토론 강사 면접 때 "아이들이 말을 잘 안 할 텐데, 어떻게 토론을 이끌어 갈 것이냐?"라고 질문을 받았는데, 이게 웬걸! 아이들은 말이 너무 많다. 말을 어떻게 끊어야 할지가 문제다. '아이들이 그동안 왜 말하지 않았을까?'하고 궁금할 새도 없이 토론의 신세계로 우리는 들어간다.

토론 수업에서 아이들이 말하게 하려면?

1. 말할 수 있는 분위기를 만든다. (밝고 온화한 표정, 존중하는 말투, 가식 없는 행동 등 모든 면에서 "오늘 선생님은 너희랑 이야기하고 싶어."라는 마음이 전달되도록 해야 한다. 아이들에 대한 '애정'이 있는 교사라면 누구나 토론 수업은 가능하다.)

2. 교사가 아닌 아이들이 관심 있고 이야기하고 싶은 주제를 선정해 제시한다.

3. 가장 중요한 것은 "네가 어떤 이야기를 해도, 선생님은 들어줄 거야."라는 믿음을 아이에게 주는 것이다.

포스트잇을 이용한 코로나 시대 토론

코로나 시대, 3년을 살아오고 있다. 그동안 잃어버린 것도 얻은 것도 있다. 동시에 코로나 이후 우리는 '어떻게 살아야 할까?'를 고민하지 않을 수 없다. '코로나'의 공포와 염려는 사람들 사이에 두려움과 불신을 낳았고, 닫힌 세상에서 불안과 우울은 늘어났다. 어떻게 하면 코로나 시대 속에서 행복하게 살아갈 수 있을까? 그리고 이 모든 시기가 지난 그때에도 우리는 잘 살아냈다고 서로를 다독이며, 또 살아갈 수 있을까?

'코로나 시대' 토론에서는 아이들과 지난 3년을 돌아보며 자신의 근황과 현재 코로나 상황을 살펴본다. 프레젠테이션으로 관련 사진을 보면서 국내외 확진자 수과 치사율, 코로나와 관련한 세계의 현황을 5분 정도로 설명한다. 이어 국내외 뉴스와 영상을 살펴보고 시간 여유가 있다면 코로나와 관련한 길지 않은 EBS 다큐멘터리 시청도 괜찮다. 코로나 시대에 필요한 역량까지 생각해 볼 수 있는 수업이 된다면 토론의 질은 더 높아질 것이다.

'코로나 시대' 토론 주제
- 코로나로 인해 잃어버린 것
- 코로나로 인해 얻은 것
- 코로나 시대의 생존전략

먼저 아이들과 나눌 주제는 '코로나로 인해 잃어버린 것'과 '코로나로 인해 얻은 것' 그리고 '코로나 시대의 생존전략'이다. 각각 다른 색깔의 포스트잇 세 가지를 준비하고 아이들에게 각 세 장씩 나누어준다. 아이들은 포스트잇에 질문에 대한 의견을 쓰고, 칠판에 나와 붙인다.

칠판으로 나온 아이들은 벌써 즐겁다. 코로나의 거리 두기로 친구와의 접촉이나 대화도, 발표도 자제되고 있는 현실이었다. 그래서인지 칠판에 나와 포스트잇을 붙이며 상대방의 의견을 읽는 것만으로도 소통하는 즐거움을 느끼는 듯했다. 마스크를 쓴 아이들의 눈이 웃고 있다. 가려진 미소가 보이는 듯했다. 아이들은 다른 친구의 의견을 읽고 서로 눈을 맞춘다. "아, 이런 걸 잃었구나!" 또는 "이런 걸 얻었다고?" 또는

"아니, 이게 생존전략이야?"라며 누가 썼는지 궁금해한다.

아이들은 포스트잇을 읽으며 자신과 다른 생각을 한 친구의 의견을 받아들이기도 하고, 근거를 들어 비판하기도 한다. 재미있는 사실은 포스트잇을 칠판에 붙이라고 했을 뿐, 읽으라고는 하지 않았는데 아이들은 알아서 나와 다른 친구의 의견을 읽고, 나아가 스스로 수용하고 비판할 줄 아는 모습까지 보여주었다.

- 코로나로 인해 잃어버린 것

자유, 의지, 시간, 건강, 쉬는 시간, 점심시간, 행복, 말, 친구의 미소, 얼굴의 아랫부분, 웃음, 소풍, 수학여행, 체험학습, 돈…

- 코로나로 인해 얻은 것

자유, 두려움, 마스크, 마기꾼, 온라인 수업, 늦잠, 마스크, 입 냄새, 성적, 뱃살, 게임 레벨, 엄마의 잔소리, 귀찮은 동생, 돈…

- 코로나 생존전략

백신, 치료제, 손 소독제, 지하벙커, 라면, 통조림, 음악 듣기, 빵 만들기, 핸드폰, 유튜브, 남친 혹은 여친…

코로나로 얻은 것을 쓰라고 했을 때 아이들은 많이 머뭇거렸다. 코로나로 잃어버린 것은 백 가지도 넘지만, 얻은 것이 있다는 사실이 생소하게 느껴지는 것 같았다. 그러나 "코로나로 '살'을 얻었잖니?"라는 말에 아이들은 "아하!"하고 깨달음을 얻은 듯 여러 가지를 써낸다.

병아리가 알에서 깨어나기 위해서는 안과 밖의 노력이 필요하듯 아이들의 생각을 꺼내기 위해서는 교사의 끝없는 관찰과 행동이 필요하다. 들이대지 않고 무심하게, 혹은 치밀할 정도로 세심하게 배려하면서도 끝내 적극적이지 않은 츤데레의 속성을 이용해야 한다. 교사는 감정 노동의 직업이 맞다.

코로나로 인해 잃어버린 것과 얻은 것에 둘 다 '자유'를 쓴 Y에게 이유를 물었다. '자유를 잃고 자유를 얻었다.'니 이러한 역설을 써낸 Y는 평소 글쓰기를 좋아하는 타입도 아니었다. 이유는 다른 친구들을 만날 수 없는 자유를 잃었지만, 나만의 시간을 갖게 되는 자유는 얻었다고 했다. 완벽한 설명에 우리를 끄덕거리고 공감했다. 또 잃은 것과 얻은 것에 똑같이 '돈'이라는 단어를 썼는데 코로나로 외출을 하지 못해 '돈'이 저절로 모이기도 했고, 마스크를 사느라 이전에 들지 않았던 '돈'이 들었다고 말했다.

가장 와 닿았던 단어는 코로나로 인해 잃어버린 것에 반듯하게 쓰인 '의지'라는 글씨였다. E는 코로나를 겪으면서 아무것도 하고 싶지 않아졌고, 다시 무엇인가를 도전하려고 해도 쉽게 의지가 생기지 않는다고 했다. 코로나로 인해 얻은 단어들은 참 시적이었다. 토론하려고 했더니 아이들의 머릿속에서 시 감성이 나온다.

'뱃살, 입 냄새, 엄마의 잔소리'에 아이들은 격하게 공감하며 즐거워한다. 토론은 논제에 대하여 찬반을 나누어 상대방을 설득하는 것이지만, 누구 한 사람만 주목받거나 누구의 지식을 자랑하는 시간이 되어 나머지 친구들이 소외된다면 결코 좋은 수업이 아니다. 그리고 토론 수업에서는 사회적으로 이슈되는 논제도 좋지만, 아이들이 평소에 관심을 가지고 참여할 수 있는 논제가 더 적합하다.

코로나로 잃은 것만 생각하던 아이들은 "얻은 것도 있었네."라며 자연스럽게 사고는 전환된다. '절대 그럴 리 없다.'라고 여겼던 생각들이 전복된다. 토론 수업은 서슴없이 자기 생각을 꺼내는 것부터가 시작이다. 토론에 들어와 타인과 말을 섞는 순간부터 생각의 폭은 확장되기 시작한다.

코로나 생존전략은 만다라트 질문표를 사용한다. 3*3의 빙고 표처럼 생긴 만다라트 표에 생존전략 아홉 가지를 쓴다. 다 채우지 않아도 좋다. 쓸 수 있는 만큼 쓰도록 지도한다. 그리고 아홉 가지 중에 가장 중요하다고 생각하는 생존전략 한가지는 포스트잇에 작성하여 칠판에 붙인다.

'코로나 시대에 자유를 잃고 자유를 얻었다.'라는 시적 표현이나, '의지를 잃어버려 아무것도 하고 싶지 않아졌다.'라는 마음 아린 이야기,

'외로워서 남친, 여친을 얻었다'라는 반전 아닌 반전과 집 안에 틀어박혀 '떡볶이를 만들거나 빵을 굽거나', '악기를 연주하거나 작곡을 하는' 등 펜데믹 속에서 생명선을 연장해가고 있는 특별한 전략들을 은밀하게 나눈다.

토론은 당시 뉴스에 따라 달리 진행했는데, '중국의 코로나 제로 정책과 도시 봉쇄', '18세 미만 백신 접종 여부'나 '실내 마스크 착용 해제' 등의 논제로 아이들과 이야기를 나누었다. 그러나 학년이 높아질수록 자신의 의견을 이야기하는데 조심스러웠고, 오히려 초등학교 6학년 아이들은 과감하게 의견을 발표했다. 질문하지 못하는 학교 분위기와 토론문화라고는 찾아보기 힘든 사회 구조 속에서 당연하다는 생각이 들었지만, 다행인 것은 수업을 하면 할수록 아이들의 생각이 조금씩 열리고, 참여율도 점점 높아졌다는 사실이다.

마지막으로 글쓰기 활동이다. 포스트잇을 붙였던 세 가지 단어들을 연결해서 문장을 만든다.

포스트잇에 붙인 단어 연결해서 문장 만들기

나는 코로나로 인해　　　을 잃었고,
코로나로 인해　　　을 얻었다.
그리고, 지금 나에게는　　　가 필요하다.

포스트잇 단어를 이어서 만든 문장 예시

- 나는 코로나로 인해 건강을 잃었고,

코로나로 인해 게임 레벨을 얻었다.

지금 나에게는 남친이 필요하다.

- 나는 코로나로 인해 자유를 잃었고,

코로나로 인해 시간을 얻었다.

지금 나에게는 의지가 필요하다.

좋은 질문에는 고민이 들어가고, 좋은 답이 나오기 마련이다. 아이들
은 자신이 쓴 문장이 마음에 든다고 한다. 토론 수업을 통해 다시 생각
하고, 기존의 것들을 바꾸어보고, 뒤집어보고 무너뜨린다.

끝도 보이지 않는 아주 캄캄한 터널을 아이들과 손잡고 걸어나간다.
터널은 곧 끝이 난다. 멀리 저 끝에서 희미하나 새하얀 빛이 보인다.

tip. '코로나와 시대와 나' 독서토론

학생 준비물: A4 한 장, 네임펜

교사 준비물: 코로나로 인해 잃어버린 것/얻은 것/ 생존전략을 프린트 한 종이, 색깔 다른 세 가지 포스트잇

1. 수업 시작 전, 프린트한 세 가지 종이를 칠판 위쪽에 붙이고 아이들에게 색깔이 다른 포스트잇 세 장을 나눠준다.

2. 코로나 관련 뉴스와 기사로 현황을 알아본다. 코로나로 인해 잃어버린 것/얻은 것/ 생존전략을 포스트잇에 써서 칠판에 나와 붙인다.

3. 아이들이 붙인 단어들을 교사가 읽어주고, 궁금한 점은 본인에게 물어본다.

4. 만다라트표에 코로나 시대에 필요한 것, 혹은 생존전략을 쓴다.(나머지 8개의 네모 칸에 생존전략을 쓰고 싶은 만큼 쓴다. 꼭 다 채우지 않아도 좋다.)

코로나 시대 생존전략

5. A4를 여섯 조각이 나도록 접고, 가운데 부분을 가위질하여 안쪽으로 접으면 작은 책 모양이 완성된다.

6. 만든 A4 책에 포스트잇의 세 단어를 연결해 문장을 만들고 쓰고, 발표한다.

책과 영화로 보는 유전자편집 토론

우리는 언제까지나 인간일 수 있을까?

메리 셸리(1797~1851)의 장편 소설 『프랑켄슈타인』은 과학의 발전이 인간의 존엄성을 어떻게 훼손할 수 있는지 소설을 통해 보여준다. 인간이 인간을 창조하는 세상, 기존의 인간은 창조된 인간이 인간 이상의 힘을 가진 괴물임을 보고 그것을 없애려 한다. 그리고 이것은 소설이나 미래의 이야기가 아닌 오늘의 사건으로 다가왔다.

토론을 시작하기 전, 말랑말랑한 과정은 필요하다. 특히 전문적인 지식이 있어야 하는 토론에는 아이들이 쉽게 다가서지 못한다. 배경지식이 부족한데 괜히 말했다가 망신을 당하면 어쩌나 걱정을 해서다.

한국은 토론문화에 익숙하지 못하다. 초등학교 저학년까지는 서로 발표하려고 손을 높이 들고 선생님을 간절히 바라보았던, 궁금한 것도 많았던 그 아이는 안타깝게도 곧 변한다. 초등학교 고학년이 되고, 중고등학교에 가면서 아이들은 정반대로 '질문'을 가장 싫어하게 된다. 아주 단순한 것을 물어봐도 "예? 저요?" 혹은 생각해 보지도 않고 무조건 "몰라요."로 일관하는 모습을 보면 그렇다. 아이들은 수업시간에 무엇을 시킬까 봐 초조하고 불안해하는 아이로 바뀌었다. 누구의 책임일까? 분명, 일방적으로 강의하고 소통하지 않는 사회와 학교의 책임이다.

토론은 서로의 의견을 나누며 질문에 대한 답을 찾아가는 과정이다. 어떤 주제에 대해 내 생각을 말하고 네 생각을 들어보는 시간이다. 그래서 토론 전에 아이들이 말을 할 수 있도록 분위기를 만들어주는 것은 매우 중요하다. 경험상, 바로 토론을 진행하는 것보다 관련한 영화나 드라마의 장면을 잠시 보거나 혹은 관련 책의 내용을 요약해서 이야기해주었을 때 더욱 좋았다. 유전자편집에서는 고등학생이라면 영화 '가타카'와 올더스 헉슬리의 소설『멋진 신세계』를, 12세 이하라면 영화 '마이 시스터즈 키퍼'와 메리 셸리의 소설 『프랑켄슈타인』을 추천한다. 시간이 된다면 영화 전체를 다 보아도 좋고, 아니라면 예고편을 보거나, 영화의 필요한 장면을 끊어보며 설명을 곁들이는 것이 효과적이다.

유전자편집의 설명은 관련 신문기사나 사진을 보면서 쉽고 간단하게 설명한다. 토론에서 다룰 핵심은 '유전자편집과 인권'이며 과학 시간이 아니므로 개념 설명은 5분을 넘지 않는다. 유전자편집 토론 수업은 생각보다 아이들이 많은 관심을 보였다. 핵심용어인 'DNA와 RNA, 크리스퍼 유전자가위'를 설명하고, 관련 기사 및 영상자료들도 매 학기 업그레이드해서 수업을 진행했다. 사회문제의 상황은 계속 변화하기 때문에 토론 전 기사와 영상의 팩트체크는 꼭 필요하다.

더 좋은 방법은 토론 논제의 발표자를 미리 정해 아이들이 준비해 발표하는 것이다. 토론 수업이 한 학기 정도 진행된다면 토론 주제를 고를 때, 아이들이 발표하고 싶은 부분을 스스로 선택하게 한다. 논제는 반드시 찬반을 놓고 이야기할 수 있는 분명한 쟁점이 있어야 하며 학생 수에 따라 개인 또는 팀별로 발표해도 좋다.

수업 전, '유전자편집 찬성, 유전자편집 반대, 유전자편집 어디까지 허용해야 할까?'가 쓰여있는 A4 세 장을 준비해 오고 칠판에 붙인다. 칠판에 글씨를 쓰는 것보다 프린트해 온 종이로 논제를 제시하는 것이 아이들을 더 집중시켰다. 칠판에 종이를 붙이는 순간부터 아이들은 "선생님, 그게 뭐예요?" 또는 "유전자편집 그게 뭐지? 너 알아?" 하면서 관심을 보였다. 사소하지만 톡톡한 효과를 볼 수 있는 팁이었다. 화살표 이미지를 사용해도 좋다. 빨간색 화살표와 파란색 화살표를 각각 A4에 인쇄해 와서 찬성 반대 프린트물 아래에 붙여주면 아이들이 생각을 정하는 데 도움을 준다.

유전자편집 토론 주제

　- 유전자편집 찬성

　- 유전자편집 반대

　- 유전자편집을 어디까지 허용해야 할까?

　자판기처럼 다다닥 쓰는 아이가 있는가 하면 수업 내내 찬반의 입장도 정하지 못하고 고민하는 아이도 있다. 그래서 포스트잇을 주고는 5분 정도 생각할 시간을 갖고 쓰도록 한다. 빨리 쓴 아이들 때문에 분위기 산만해지더라도 좀 기다리자. 말이 빠른 아이가 있는가 하면 글로 쓰는 것이 편한 사람도 있으니까.

　이제 세 가지 의견을 각각 다른 포스트잇에 쓰고 칠판에 붙인다. 포스트잇은 DNA 알파벳 모양을 염두에 두고 붙였다. '찬성' 아래에는 D 모양으로 '반대' 아래에는 N 모양으로 '어디까지 허용해야 할까?' 아래에는 A 모양으로 포스트잇을 붙였다. 아이들은 감각 있게 알아차리고 "오, 포스트잇이 DNA 모양이네!"라고 말한다. 뒤늦게 포스트잇을 붙이러 나온 아이도 모양에 맞게 포스트잇을 연결했다.

　포스트잇에 쓰인 아이들의 의견을 읽어본 후, 유전자편집의 장단점에 대한 설명 자료를 보여준다. 토론 강의 자료는 2시간 기준 PPT 15장 내외가 적당했다. 토론 수업에서는 교사가 논제에 대한 자료를 제시하기 전에 아이들 스스로 찬반입장을 정하게 한다. 신문이나 뉴스도 어느 사람과 어느 기관의 생각이 정리된 것이므로 자료들을 접하고 나서 찬반 의견을 정하면 온전한 자기 생각을 알기 어렵기 때문이다.

크리스퍼 유전자편집으로 2020년 노벨화학상을 받은 여성 과학자 프랑스의 에마뉘엘 샤르팡티에와 미국의 제니퍼 A. 다우드나의 기사를 나누어 주고 읽어본다. 그리고 최초로 '유전자 아기 편집'에 성공한 중국의 과학자 허젠쿠이의 뉴스를 시청하며 양쪽의 관점을 모두 바라본다. 유전병이 있는지 스캔하여 유전자편집기술로 치료할 수 있고, 식량을 개량하며 식량 문제를 해결할 수 있으며, 머리카락이나 눈의 색깔, 근육질의 몸매, 키와 아이큐까지 조작 가능한 유전자편집기술의 발전을 살펴본다. 그리고 아이들은 자료를 접하면서 자신의 주장에 근거를 하나씩 쌓아간다.

'유전병 치료'와 '식량문제 해결'의 찬성 근거, '인간의 존엄성 침해'라는 반대 근거는 예상 가능한 것들이었는데 '어디까지 허용할까?'에서는 다양한 의견들이 나왔다. 생명을 치료하는 데까지만 사용하자는 의견이 대부분이었고, 외모를 바꾸는 데 사용하고 싶다면 '유전자편집 월 1회 이용권'을 부여하거나 타인에게 위해를 가하는 유전자편집은 법으로 엄격하게 금지해야 한다는 의견도 내놓았다.

마지막으로 글쓰기 활동이다. 글쓰기 시간을 남겨두지 않으면 활동을 못 하고 수업이 끝날 수 있으므로 적절히 시간 배분을 하면서 진행해야 한다. 유전자편집에 관한 짧은 기사를 써 보았다. 헤드라인과 본문, 그리고 관련 사진이나 간단한 그림을 더해 짧은 신문기사를 작성한다. 기사문은 어렵고 딱딱할 것만 같은데 가닥이 잡히고 헤드라인을 잡아 쓰다 보면 은근한 재미가 있다. 의외로 기사를 잘 쓰는 아이들이 있는데, 자신도 모르던 재능을 발견하게 되기도 한다.

모든 아이는 특별한 무엇을 가지고 있다. 교사는 그것을 알아보고 도와주는 협력자다.

tip. 유전자편집 독서토론

교사 준비물 : '유전자편집 찬성/유전자편집 반대/ 유전자편집 어디까지 허용해야 할까?'를 프린트 한 종이, 색깔 다른 세 가지 포스트잇

* 수업 시작 전, 프린트한 세 가지 종이를 칠판 위쪽에 붙이고 포스트잇을 나눠준다.

1. 유전자편집과 관련한 영화를 5분 정도 보여주고, 관련 책의 줄거리를 이야기해 준다.(영화: 15세관람가 '가타카', 12세관람가 '마이 시스터즈 키퍼' 책: 헉슬리『멋진 신세계』, 메리 셸리『프랑켄슈타인』)

2. 유전자편집의 과학적인 설명을 5분 정도 하고, 찬반입장을 정한다.

3. 찬반입장에 대한 근거를 쓰고 칠판에 나와 DNA 모양대로 포스트잇을 붙인다.

4. 서로의 의견을 교환하고 토론을 진행한다. (고전식 토론 방법: 찬성 측 입론- 반대 측 입론-찬성 측 반론-반대 측 반론- 양쪽 최종변론)

5. 관련 기사와 영상을 보며 자신의 의견을 더 정리한다.

6. 유전자편집에 관련한 짧은 기사를 써 본다. <헤드라인+전문+본문+간단한 사진이나 그림>을 더해 A4 종이책에 나만의 기사를 완성한다.

샤메크 블루위 기법을 활용한 노동 인권 토론

"아프고 힘들면 일을 쉬어도 될까요?"

한 아이는 "건강해야 일도 하죠."라며 당연히 쉬어야 한다고 말하는
데, 창가 끝자리에 있던 남자아이는 "저는 웬만하면 참고 일할 것 같아
요."라고 말한다. "건강이 먼저지. 무슨 소리야?"하고 벌써 토론은 시작
되었다.

아이들은 이제 토론시간을 기다린다. '오늘의 주제'를 궁금해하고,
생각하고 말하는 것을 예전처럼 두려워하지 않는다. 논리적인 토론의
방식을 익히려면 멀었지만, 아이들에게 저만치 멀어져 있던 '토론'이
이제 조금씩 거리를 좁혀오는 것 같아 기쁘다.

어쩌면 가장 공을 들인 수업이었다. 나 또한 독서토론 수업을 준비하

면서 사회문제에 더 많은 관심이 생겼고, 그중에서도 인권, 또 그중에서도 노동 인권을 공부하면서 전혀 알지 못했던 사회 이면을 알게 되었다. 그런데 알면 알수록, 이런 컴컴하고 시커면 사회 속에서 한 걸음 내딛기가 화가 나고 또 겁도 났다. 때론 이런 진실을 몰랐을 과거를 그리워하기도 했다. 그러나 이미 강은 건넜다. 그리고 진실을 모르는 바보로 세계를 대하고 싶지는 않다. 나는 아이들이 토론 수업을 통해 우리가 사는 사회에 관심을 가지고 이해하며 좀 더 정의로운 사회를 만들기 위해 함께 고민해 나갔으면 하고 바랐다.

만약, 아르바이트 경험이 있는 고등학생이라면 직접 이야기를 들어봐도 좋다. '나의 아르바이트'를 주제로 패들렛에 글을 써 보거나 에피소드를 발표하는 것도 방법이다. 또 아르바이트에 대한 질문을 만들어 아이들과 이야기를 나누어보았다.

나의 '아르바이트'? 질문

1. 내가 해 본 아르바이트가 있다면? 황당했던 기억이 있다면?

2. 일주일에 아르바이트 2시간을 하면 계약서를 쓸 수 있을까? (계약서의 효력- 노동청 신고 가능, 부당해고 방지, 4대 보험 요구 가능)

3. 15시간 일하면 주휴수당을 받을 수 있을까? (근로기준법 제55조 주휴수당: 15시간 일하면 하루 치수당을 더 지급한다.)

4. 야간수당, 주말수당은 기본수당의 1.5배이다? (5인 이상 사업체일 경우)

OECD 국가 중 가장 노동시간이 긴 나라인 한국의 장시간 노동 사망자 비율을 살펴본다. 한국의 노동시간은 2,357시간으로 1위다. 장시간 노동으로 인한 사망자 수도 2016년 기준 OECD 37개의 나라 중 11번째다. 그렇다면 왜 한국의 노동시간이 이렇게 길까? 열심히 성실히 일하기 때문이기도 하지만, 예상치 못한 다른 이유가 있다. 이유를 알기 위해 아이들과 상황극을 해보는데 꽤 재미있었다.

퇴근하려는 김 대리와 박 부장의 대화를 예상해 본다.

A: 부장님, 저 퇴근하겠습니다.

B: 김 대리, 오늘 일이 많아서 야근해야 할 것 같은데.

A: 아, 네? 부장님, 저는…….

B: 김 대리, 짜장면, 괜찮지?

A: (아이들이 대답하게 한다.)

김 대리 역을 맡은 아이는 당황하며 "아, 어, 그게." 하며 아무 말도 못 하기도 하고, "저는 짜장면 싫어요. 집에 가서 밥 먹을 거예요."라고 화를 내며 퇴근하겠다고 소리치는 아이도 있다. 앞 친구의 상황처럼 한국이 노동시간이 긴 첫 번째 이유는 '상사의 눈치를 보느라 퇴근을 못 해서'였다. 우습지만 슬픈 현실에 아이들도 공감했다.

시급이 가장 높은 호주와 한국의 최근 5년간 시급 변화를 알아본다. 호주의 시급은 2015년 15,000원대에서 현재 17,000원에 이른다. 아이들은 당장 호주로 가는 비행기를 끊겠다며 웅성웅성한다. 한국의 시급은 2015년 5,580원에서 2022년 시급 9,160원으로 2배 가까이 인상되었지만, 현재의 시급으로는 한 달을 살기에 충분하지 않다.

그리고 오늘의 논제는 '택배 노동자의 사망원인과 해결책'이다. 2019년 코로나 발발 이후의 장시간 노동으로 택배 노동자의 사망자 수가 2021년 기준 연간 20여 명이 넘었다. 택배 노동자의 실상과 원인을 뉴스와 기사로 살펴보고 그 해결책에 관해 이야기해 본다. 아직 노동을 경험해 보지 못한 아이들에게 이 주제는 '반려동물'이나 '게임 시간제한' 토론과 달리 크게 관심 끌지 못했다. 하지만 많은 이야기가 오고 가지 않더라도, 이것은 아이들이 곧 경험하게 될 사안이며 한 번쯤은 꼭 생각해봐야 하는 중요한 사회문제이므로 수업에서 다루는 것도 의미 있는 일이라 생각했다.

'택배 노동자의 사망 사건에 대해 어떻게 생각하는가?'에 대해 토의해 보았다. 그리고 '택배 노동자의 죽음이 욕심에 따른 과로사인지, 구조적인 문제에 있는지'를 나누어 다시 토론해보았다. 오늘도 우리 집을 방문했을 택배 아저씨는 누군가의 아버지이고 누군가의 가족일지 모른다는 말에 아이들은 시간이 지날수록 진지하게 논제에 접근했다.

두 번째 토론은 '아파트단지 내 지상 차량 금지에 따른 택배 배송'에 차질이 생긴 부분을 다루었다. 4년째 갈등 중인 이 문제는 해결이 나지 않은 상태로 답을 찾기가 어려웠다. '아파트 내 택배차 진입 금지'와 '택배기사의 노동 환경 보장'에 대해 토론했다. 아이들은 고민하여 '시간을 정하고 택배 차량이 진입할 수 있도록' 혹은 '택배차 라인을 만들어서 택배 업무가 원활하게' 등의 효율적인 의견을 제시했다. 더하여 자신의 아파트에 '아파트 주민 이외에 엘리베이터 사용 금지'라는 공지를 봤다며 택배기사의 엘리베이터 사용의 적합성 여부까지 추가로 토론해보았다.

토론
아파트 내 택배차 진입 금지 vs 택배기사의 노동 환경 보장
토의
택배 노동의 문제점을 해결하는 방법에는 무엇이 있을까?

마지막으로 '택배 노동의 문제점을 해결하는 방법에는 무엇이 있을까?'에 대해 토의해 보았다. 적절한 배송의 속도와 소비자의 마인드, 경제구조, 또 택배 노동자의 근로권과 복지에 관해서도 이야기를 나눴다. 토론 후, 관련 영화로는 2007년 홈에버 구조조정 사태를 보여주는 '카트'를 시청했다. 내용이 어렵지 않아 아이들과 부담 없이 보면서 '노동

문제'에 대해 생각하기 좋았다. 웹툰 '송곳'과 드라마 '송곳'에서 노조시위에 관한 내용을 더 깊이 있게 다루었는데 중고등 수업에서 인용하면 도움이 된다. 또 켄 로치 감독의 '미안해요, 리키'도 택배기사 문제를 다룬 영국 영화로 아주 수준이 높다. 관련 도서로는 이종철 작가의 실제 경험을 담은 웹툰 『까대기』가 있다. 다른 나라의 근로권과 복지를 토론한 비정상회담의 영상도 도움이 된다. 덧붙여 영상을 활용하는 시간은 수업시간의 5-10% 정도가 적정하다.

이 수업의 꽃은 활동이었다. 샤메크 블루위 기법을 활용하여 택배차 이미지의 일부를 오리고, 자신만의 배경으로 사진을 찍은 다음 해시태그로 택배 아저씨들을 응원하는 문구를 쓰는 것이다. 일반초등학교 수업 중에는 핸드폰 사용이 어려웠고, 할 수 있는 사람은 나중에라도 찍은 사진을 카톡으로 보내달라고 했다. 그랬더니 몇몇 아이들이 사진과 응원 글을 보내주어 SNS에 공유했다.

'#택배아저씨밥챙겨드세요 #천천히오셔도되요괜찮아요 #아저씨쉬면서일하세요 #감사합니다 #택배아저씨파이팅'이라는 아이들의 해시태그가 널리 널리 퍼져서 많은 사람의 마음에 전달되길 바랐다.

누군가의 수고, 누군가의 죽음에 대해 안타까워하고 관심을 두고 함께 살아갈 방법을 찾아본다. 우리가 머리를 맞대고 고민하며 지금 할 수 있는 일을 하나씩 해 나간다면, 그를 도울 방법을 찾을 수 있다. 우리의 다정한 이웃 스파이더맨의 말처럼, 누군가를 돕는 것은, 모두를 돕는 것이다.

tip. 노동 인권 독서토론

1. 초등 고학년이라면 '아파도 힘들어도 참고 일해야 하나요?'에 대해 이야기해 보고, 고등학생 이상이라면 '아르바이트'의 경험을 나눠 본다.

2. 한국의 노동시간과 장시간 사망자 수, 최저시급 등 노동에 관련한 자료들을 설명한다.

3. 코로나 이후 택배 물량의 증가로 인한 택배 사망자 수에 관해 이야기하고, 사망원인과 해결책에 대해 토의 및 토론한다.

질문 1. 택배 노동자의 사망 사건에 대해 어떻게 생각하는가?
- 그들의 죽음은 과로사(구조적 문제)인가, 욕심에 있는가?

질문 2. 택배 노동자 사건을 방지하려는 방법은?
- 인권을 침해하는 빠른 배송(독일은 늦은 밤, 공휴일에 대형 슈퍼가 문을 닫는다.)
- 인권보다 효율과 성장을 중시하는 포디즘적 경제구조 변화
- 하루 8시간 근로 보장, 4대 보험 보장

4. 노동 관련 영화나 드라마, 영상을 10분 정도 시청한다.

5. 활동으로는 샤메크 블루위 기법을 이용해 사진을 찍는다. 택배차가 그려진 A4 도안을 나눠주고, 택배차 모양을 도려낸 다음, 어울리는 배경을 찾아 사진을 찍어본다. 사진 아래에 택배기사를 응원하는 해시태그를 쓴다.

6. SNS를 통해 응원 메시지를 전달한다.

수다스러운, 반려동물보유세 토론

초등학교 2학년쯤이었을까? 시골 바닷가 앞에 살던 우리 집에는 강아지 세 마리와 닭 두 마리를 키웠다. 마당에는 강아지 '제돌이'가 식구들을 늘 반겨주었다. 개의 종으로 보자면 '잡종'이었을 텐데 너무 귀여웠고, 동생과 나는 강아지와 같이 노는 것이 참 즐거웠다.

그러던 어느 날, 학교에서 돌아온 오후였다. 제돌이는 없고, 음식 냄새가 구수하게 마당을 덮고 있었다. 옆집과 옆집에 사는 어른들이 모두 우리 집에 모여 식사를 하고 계셨는데, 나는 직감적으로 그 음식을 먹어서는 안 된다는 생각을 했다. 어른들은 끝까지 음식의 정체를 밝히지 않은 채 거나하게 웃으면서 맛있는 식사를 하셨고, 나는 허기진 늦은 저녁이 되어서야 숟가락을 들었다. 어른들의 눈치를 살피며 국물을

홀짝홀짝 떠먹었다. 나 자신이 미울 정도로 진한 국물은 맛있었고, 그 이후로 나는 강아지만 보면 고개를 돌리게 되었다. 그 시절, 국물 몇 술을 떴다는 미안함과 죄책감은 쉬이 사라지지 않았다. '그 시절은 다 그랬다.'라는 말은 어쩐지 씁쓸하기만 했다. 그런 내가 '반려동물'에 대한 수업을 선택해 진행하기란 쉽지 않았다. 무엇보다 공감대가 없었다. 그 시절의 국물 몇 모금이 아직도 목에 걸려 있는 것만 같았다.

이제 우리에게 반려동물은 '가족' 혹은 '친구'의 존재가 되었다, 동물을 키우는 것은 이제 '애완'의 단계를 넘어 '반려'로 왔다. 최근 반려견의 죽음에 주위 사람들이 부의금을 보내는 경우가 있을 정도로, '동물권'에 대한 논의는 아이들에게 가장 관심 있고, 피부에 와 닿는 문제였다.

모든 반을 통틀어서 가장 활발했던 수업이었다. 반려동물의 존재감은 내가 생각하는 것보다 훨씬 더 깊숙이 들어와 있어 아이들을 독려하지 않아도 할 말이 넘쳐났다. 그러나 강아지에 대한 좋지 않은 트라우마를 가지고 있고, 게다가 한 번도 반려동물을 제대로 키워보지 않은 나는 어려움에 직면했다. 아이들과 대화하기 위해서는 내가 생각하는 소중한 그 무언가를 계속 떠올리면서 수업을 해야 했다. '동물을 판매하는 펫샵'이라는 표현도 '동물을 입양하는'으로 바꾸어 달라는 아이들의 진지한 눈빛이나 말투를 보면 당연히 그랬다.

도입은 서로의 반려동물에 대한 썰을 주고받는데, 아이들은 신이 나서 이야기한다. 도마뱀을 키우는 아이는 어느 날 밤, 도마뱀이 사라졌고 결국 찾지 못했다고 했는데, 반 아이들과 나는 "뜨악!" 소리를 질렀다. 어두컴컴한 밤, 집 어딘가에서 벽을 타고 밤마다 돌아다닐 도마뱀이 곁에 있는 것만 같았다.

유기동물의 현황을 살펴보고, 그 원인을 서로 이야기해 보는 시간을 갖는다. 반려동물 관리 시스템이 잘 구축되어있는 네덜란드의 헤이그와 독일의 프랑크푸르트를 예로 들어 설명하고, 유럽 국가 중 동물보유세를 내고 있지 않은 프랑스의 이유도 예측해본다.

유럽과 미국 등에서 시행하고 있는 '반려동물보유세'에 관해 설명하고, 찬반 토론을 진행한다. 반려동물을 키우지 않더라도 키우고 싶다는 아이들이 대부분이어서 모두 적극적으로 토론에 참여했다. 근거들은 반복되고, 머뭇거리다 어색해서 말을 잇지 못하는 아이도 있다. 그래도 괜찮다. 어느 아이에게는 두려움을 넘어, 처음으로 자신을 제시해보는 시간일지도 모르니까.

활동 글쓰기는 '동물의 하루/삶'을 상상하여 만화, 그림, 일기 등으로 표현해보았다. 글쓰기 주제는 미리 선정하여 주는 것이 좋다.

주제 선택해 글쓰기, 또는 만화로 그려보기

1. 애완동물 가게에서 주인을 기다리는 강아지의 하루

2. 유기보호소에서 안락사 직전의 동물

3. 온종일 집에서 주인을 기다리는 반려동물

아이들은 "뭘 쓰지?"하고 많이 고민했다. 수업에서 5분 정도 글쓰기 시간을 갖는데 그 시간 내에 주제를 정하고, 글을 완성하기는 쉽지 않은 일이었다. 아이들은 진지하다. 찌푸린 미간에는 고단한 동물들의 일상이 담겨있다. 손을 꼼지락거리며 집중하는 저 '순수'는 저릿하다. 활동을 다 하지 못한 아이는 스스로 집에 가져가서 숙제로 해 오겠다고 한다. 역시 좋아하는 건, 시간을 초과해도 괜찮다.

말하기와 듣기, 읽기와 쓰기는 함께 움직인다. 토론 수업을 의견만 나누고 끝나는 것보다는 관련된 짧은 글쓰기를 해 보는 것이 좋다. 오늘의 수업을 아이들 스스로 정리하는 기회도 되고, 발표하지 않았던 친구들도 생각을 정리할 수 있는 시간이 된다. 토론 수업으로 사고하는 능력, 논리적으로 분석하는 능력, 집중하며 논제를 파악하고 다른 사람의 의견을 수용 비판하는 능력을 얻을 수 있었다. 그리고 가장 중요한 것은 자기 생각을 훌륭하게 객관화하여 제시할 줄 아는 능력이다.

다행스럽게도 아이들에게 주어진 시간은 아직 많다. 사고가 깊어지고, 관점은 넓어지도록, 나와 타인과 사회를 이해하고 돌아볼 줄 알도록, 가정과 학교와 사회에서 아이들을 지금부터 가르치고 도와주면 가능하다. 교육을 통해 아이들이 변한다면 사회도 변하게 될 테니까.

tip. 반려동물보유세 독서토론

  1. 각자 키우고 있는 반려동물이나, 키우고 싶은 반려동물에 관해 이야기를 나눠본다.

  2. 유기동물이 발생하는 이유에 관해 이야기해 보고 해결방안을 찾아본다.

  3. 각 나라의 반려동물 시스템을 알아보고, 반려동물보유세에 관해 설명한다.

  4. 반려동물보유세 도입에 대한 찬반 토론을 해 본다.

  5. 활동으로는 '동물의 하루'라는 주제로 만화/그림 그리기/일기 쓰기로 다양하게 표현해본다.

사진으로 보는 환경질병

"환경문제요? 시급하죠."

"그렇죠. 맞아요."

환경문제는 모두가 당장 노력하고 해결해야 할 문제임에도 "그렇긴 하죠." 정도의 동의에서 끝나버리고 만다. 중요한 것이 맞지만, 지금의 점심 메뉴 결정과 쇼핑목록들의 장바구니가 눈앞을 서성거린다. 기후 위기와 관련한 '미세먼지 문제'와 '미세플라스틱' 수업은 독서시간을 통해 몇 번 진행했는데 '환경 질병' 부분은 놓친 것 같아 토론 수업으로 진행해 보았다.

시골에 살다가 도시로 이사 와 알았다. 대낮의 8차선 도로 옆을 걸을 때마다 맡게 되는 매캐한 공기, 미세먼지로 채워진 뿌연 하늘과 건물

사이사이, 밤이면 아주 흐릿하게 보이는 별 몇 개, 그러면서 생기게 된 기관지염, 알레르기와 증후군들. 지구를 병들게 한 인간은 그 값을 받고 있었다. 이런 상황에서도 어른들에게 중요한 것은 오늘의 주식시세와 부동산과 선거와 정권이기에 지구는 계속 이렇게 사라져가고, 우리의 아이들이 살아갈 미래는 풀 한 포기, 꽃 한 송이 없는 암울한 회색 도시가 되어가고 있다.

수업 시작은 아이들이 궁금해할 것으로 준비한다. 사진을 한 장 보여준다. "무슨 사진일까?"를 맞춰보게 한다. '99명 중 22명 암 발생, 14명 사망'이라는 팻말을 들고 시위하고 있는 사람들의 사진이다. 또 중간중간 환경문제와 관련한 퀴즈를 내면서 아이들이 흥미를 느끼도록 한다.

신문기사를 통해 익산 장점마을의 환경 질병 상황을 설명한다. 익산 장점마을에 비료공장이 2001년 들어서면서 2017년까지 주민 99명 중 22명의 암 환자가 발생했고, 그중 14명이 사망했다. 이는 비료공장이 담뱃잎 찌꺼기를 구매해 불법 건조 공정했고, 발암물질이 공기 중에 배출된 것이 원인이었다. 이로 인해 장점마을의 지하수와 토양에서 발암물질인 벤조피렌, 니켈, 청산가리의 6,000배 독성을 지닌 리신이 검출되었지만, 제대로 된 조사와 보상은 이루어지지 않았다. 2019년에서야 역학조사가 이루어지면서 재판까지 가게 되었는데 비료 공장 측은 징역 2년을 선고 받고, 장점마을 주민 170명에게 50억을 보상했다.

익산 장점마을뿐만 아니라, 인천 사월마을의 토양에서 독성물질이 발견되었다. 이곳은 2019년 11월 환경부 주민건강 실태조사에서 '주거 부적합' 판정을 받았지만, 주민을 위한 실질적인 대책은 없었다. 사람들의 건강을 심각하게 해치고 있는 환경 질병은 비단 어느 한 지역에 국한되는 것이 아니다. 환경오염으로 인한 질병의 유발은 어디에서나 일어날 수 있다.

WHO(세계보건기구)는 산업국가의 국민의 25%가 환경오염으로 인해 질병을 앓고 있다고 했다. 일본과 미국에서 나타난 환경 질병의 예를 살펴보았다. 일본의 구마모토현 미나마타 시의 해수 오염으로 발생한 미나마타병은 신체 마비, 시청각능력 상실, 언어장애, 정신착란증을 일으켰다. 미국 뉴욕에서는 후커 케미컬이라는 화학 회사는 1940년부터 1952년까지 12년간 2만 톤의 화학폐기물을 무단 투기했으며 이것으로 인해 이곳의 유산율은 4배, 선천성기형아 출산이라는 결과를 낳았다.

2021년 11월, 영국에서 열렸던 COP 26 기후변화협약 뉴스도 시청하며 CO_2 방출량이 세계 1, 2위인 미국과 중국, 그리고 환경문제에 관한 전 세계의 관심과 대응이 얼마나 시급한지 살펴본다.

토론
개발도상국의 경제발전과 환경보호 중 무엇이 우선하는가?

토의
기후위기에서 환경 질병을 막기 위해 무엇을 어떻게 할 수 있을까?

(개인, 기업, 국가, 세계의 관점에서)

토론 수업이지만 '토론'이 불가능한 수업이 바로 '환경문제'이다. '환경을 보호할 것이냐, 말 것이냐?'라는 것은 토론 논제가 될 수 없다. 기후 위기 앞에선 인간이 지구를 지키고 보호하는 것은 당연한 책무이기 때문이다. 그러나 '환경오염의 책임'과 '누가 더 적극적으로 대응해야 하는가?'는 토론의 중요한 논제가 될 수 있다.

'개발도상국이 경제발전을 이루기 위해 환경보호를 나중으로 미루어도 될까?'를 논제로 아이들과 토론해보았다. 경제적으로 이미 성공한 선진국은 개발도상국에게 '환경문제'를 우선해야 한다고 말한다. 그러나 개발도상국의 입장은 다르다. 선진국들은 오랜 역사 동안 개발도상국들을 식민지 삼아 발전하며 자연을 훼손했고, 이후 개발도상국들이 발전하려는 시점에 선진국들은 '환경문제'를 앞세우며 이기적인 주장을 하고 있다고 개발도상국 측은 반박한다. 비정상회담의 토론 영상을 참고하면 도움이 된다.

그리고 오늘 수업의 핵심 토의 논제인 "기후 위기에서 환경 질병을 막기 위해 무엇을 어떻게 할 수 있을까?"이다. 개인, 정부, 기업, 세계의 역할로 나누어 의견을 정리하면 더 다양한 해결방법들이 나올 수 있다.

토론 후, 스웨덴의 '그레타 툰베리'로부터 시작된 '미래를 위한 금요일'의 시위를 기사로 본다. 툰베리는 "미래가 사라질지도 모르는데 제가 왜 공부해야 하나요?"라고 말한다. 툰베리는 지구를 망쳐놓은 어른들의 잘못을 직설적으로 지적하며 금요일마다 학교에 가지 않고, 1인 시위로서 시대에 화두를 던졌다. 그리고 미래를 위한 금요일 시위는 유럽과 미국 등 전 세계적으로 퍼져 나갔다. 2022년 9월, 독일에 본부를 둔 글로벌 기후 운동단체인 '미래를 위한 금요일'(FFF)은 세계 450개 지역에서 캠페인을 펼치기도 했다.

소녀의 용기에 아이들도 좀 놀란 눈치다. 우리도 피켓을 들고 금요일에 밖으로 나가면 어떨까? 그러려면 일단 시위를 위한 피켓이 필요하다. 그래서 아이들과 '지구를 위한 슬로건'을 만들어 보았다. 초등학교 수업이라면 '슬로건'의 정의와 예시를 알려주고 작성하도록 도와주는 것이 좋다.

아이들은 슬로건을 쓰라고 했더니, 다른 속닥거림으로 바쁘다. 금요일에 학교에 안 가고 시위하러 가면 좋겠다고 한다. 실상, '환경문제'는 '반려동물'보다 아이들에게 그렇게 절실하지 않았다. 슬로건은 짧은 문구지만 생각하는데 많은 시간이 필요했고, 예상외로 뻔한 시위 문구밖에 나오지 않아 아쉬웠던 수업이었다.

환경문제 수업을 할 때마다 느끼지만, 이 수업은 슬로건을 작성해 직접 밖으로 나가 외쳐야 완성된다. 그러나 가르치는 나부터도 자신 있게 간절하게 목소리를 낼 수 있을지 망설여졌다. 하지만 그럴 겨를도 없이 우리가 사는 지구는 한없이 수습 불가인 상태로 망가져 가고 있다. 생각보다 시간은 얼마 남지 않았다.

tip. 환경질병 독서토론

1. '환경 질병'과 관련한 사진을 보여주고 무슨 일이 일어났는지 맞히게 한다.

2. 기후 위기로 일어나는 여러 가지 문제점을 이야기해 본다.

3. 익산 장점마을의 환경 질병을 설명하고, 관련 뉴스와 기사도 함께 본다.

4. 인천 사월마을과 일본과 미국의 환경 질병 실태를 살펴본다.

5. 관련 영화와 비정상회담 영상을 시청하며 '기후 위기/환경 질병'의 위급성을 생각해 본다. (영화: '다크워터스')

6. 토론으로 '개발도상국의 발전과 환경보호'에 대해 이야기해 본다.

7. '기후 위기/환경 질병'을 막기 위해 무엇을, 어떻게 할 수 있을지 개인과 정부, 기업과 세계의 관점에서 나누어 토의해 본다.

8. 전 세계에서 일어나고 있는 '미래를 위한 금요일' 시위 모습을 기사와 사진으로 본다.

9. 활동으로 지구를 보호할 수 있는 나만의 '슬로건'을 작성하고 꾸며본다. (금요일 수업 대신, 시청이나 국회의사당 앞에 가서 시위한다면 더욱 좋은 수업이 될 것이다.)

전화 찬스, 여성 군징병제 토론

"다음 토론 수업은 '여성 군 징병제'니까 생각해 보고 오세요."

다음 토론 논제가 '여성 군 징병제'라고 예고를 날렸을 때부터 아이들은 고성이 오고 갔다. 여자아이들은 "말도 안 된다."라며 얼굴을 붉혔고, 남자아이들은 "왜 말이 안 되냐?"고 얼굴을 더 붉혔다.

그리고 당일, 초등학교 5, 6학년 반에서는 웃지 못할 일이 일어났다. 남학생들은 아직 키도 몸도 더 큰 여학생들 눈치를 보느라 '여성 군 징병제'에 찬성 의견을 꺼내지도 못했다. 눈을 흘기는 여학생들과 눈치 보는 남학생 사이에서 나는 너무 웃음이 났으나 진중한 얼굴을 유지하려고 무진 애를 썼다. 그리고 수업이 차차 진행되면서 불꽃 튀는 토론이 시작되었고, 가감 없이 이야기가 오고 갔다.

토론1
여성 군 징병제
찬성한다 VS 반대한다

토론2
군 가산점의 부활
찬성한다 VS 반대한다

활동
'남녀평등을 위해 지금의 나와 미래의 나는
무엇을 할 수 있을까?'에 대해 써 보기

"여성이 군대에 가면 평등한 사회가 될까?"의 논제로 토론 수업을 진행한다. 이 수업은 '평등권'과 '남녀차별'에 대한 부분을 살펴봄과 동시에 고등학교 수업이라면 사회적으로 이슈되고 있는 '이대남'과 '이대녀'의 세대 분석까지 가능한 논제다.

2021년 4월, 국민청원에 올라온 '여성 징집제'에 28만 명이 동의했다. 선입견 없는 의견을 듣고 싶어서 바로 아이들에게 찬반 질문을 던

겼는데 예상대로 여학생들은 한두 명을 제외하고 '여성 군 징병제'에 반대했으며, 남학생 대부분은 찬성했다. 먼저 찬성 측은 임신과 출산을 하지 않은 여성으로 한정하되, 훈련의 강도를 조정하거나 보건의료 및 행정 등의 임무를 여성 군인이 할 수 있도록 하자는 대안까지 제시했다. 반대 측은 남성과 여성의 신체적인 차이를 지적하면서 임신과 출산의 문제를 근거로 여성 군 징병제를 반대했다. '군대'에 대한 인식은 초등학생부터 고등학생까지 대부분 부정적이었다. 억압적인 구조 아래 인권이 유린당하고, 죽음으로까지 이어지는 뉴스나 기사를 아이들도 보았을 테니 당연했다.

2021년 5월, 조선일보 갤럽 조사에서 대한민국 성인 1,000명 중 46%가 여성 징병제에 찬성하고 있다는 것과 저출산으로 2025년부터 징집 인원이 부족한 점, 그리고 세계의 징병제와 모병제 현황을 살펴보았다. 또 여성 징병제가 시행되고 있는 이스라엘과 북한, 노르웨이와 스웨덴의 상황을 알아보고, 사회적 직위, 고용률, 임금, 가사분담에서 여성의 평등이 이루어지지 않은 부분을 지적하며 여성 군 징병제 반대의 근거 자료도 제시해 주었다.

고등학교 토론 수업에서는 더 신경전이 펼쳐졌다. 입시도 끝나고 겨울 방학이 얼마 남지 않은 12월이었다. 고등학교 3학년 여학생은 "저보고 군대에 가라고요?"라며 감정선이 점점 높아지더니, 갑자기 남자친구에게 전화해도 되겠냐고 했다. 이유를 물었더니 '남자친구에게 자신이 군대에 가는 것이 좋은지, 아닌지' 여부를 확인하고 싶다고 했다. 나는 혹시 이 일로 헤어질지도 모른다고 만류했으나 여학생은 "그런 놈이면 헤어져도 괜찮다."며 전화를 했다. 나는 아차, 싶었으나 벌써 통화음은 울리고 있었고 우리는 귀를 기울였다. 휴대폰 스피커로 목소리가 들렸다. "오빠, 내가 군대 가면 좋겠어?"라는 여학생의 질문에 2초 정도 침묵이 흐른 뒤, 남자친구는 "나만 가면 되지. 너까지 뭘."하며 모두에게 안도의 한숨을 쉬게 했다.

또 중고등학교 여학생들의 대부분은 "군대에 가지 않겠다."라며 감정적으로 이야기하면서 근거를 제시하지 않은 경우가 많았고, 남학생들도 "왜 우리만 가느냐?"며 공격적인 자세를 보였다. 찬반 모두 적절한 근거들을 자료로 제시하고 그 속에서 사고할 수 있도록 유도했는데, 이십 대에 가까운 아이들일수록 군 징집제는 본인에게 당면한 문제이기에 유독 감정이 앞섰다.

이어 '군 가산점 부활'에 대해 토론을 진행했다. 오히려 초등 고학년 아이들은 남녀차별이나 성 격차의 경험이 적어 더 선입견 없이 의견이 오고 갔다. 여성 군 징병제 관련한 기사와 뉴스들을 살펴보고 토론 영상도 함께 시청한다. 군대와 관련한 영화를 찾아보았으나 교육적으로 적절한 것을 찾기가 쉽지 않아, 다른 수업과 달리 수업 자료로 활용하지 않았다.

활동은 '남녀평등을 위해 지금의 나, 미래의 나는 무엇을 할 수 있을까?'에 대해 써본다. 미래의 다른 사람들과 내가 건강하고 평화롭게 지내기 위해 어떻게 해야 할지 고민해보고 짧은 글로 작성해본다. 진지하게 고민하고 생각한 질문들의 답은 그 상황을 맞이했을 때 그 사람의 행동에 큰 영향을 미친다. 그리고 아이들은 척박한 사회 속에서 어른다운 어른이 되기 위해 학교 교육을 통해 직간접적으로 경험하고 연습해 나가야만 한다. 토론과 글쓰기는 그런 면에서 좋은 연습의 수단이다.

지금 아이들은 입시라는 과도한 경쟁에만 내몰려 자신도 돌아보기 힘든 데다, 타인까지는 배려할 여유조차 없다. 정신적 성숙 없이 어른이 되어버린 아이들은 행복한 삶을 살 수 있을까. 남자도 여자도 그저, 한 사람인 곳. 비교하지 않고, 서로를 인정하며 각자의 책임을 다하는 사회가 되길 바라보았다.

깊은 주제를 다루기에 두 시간은 짧았지만 '여성 군 징병제' 토론 수업을 통해 '평등과 공정'에 대해 생각해 보았다. 함께 행복하게 살아가기 위해 우리는 무엇을 노력하고 이루어가야 할까. 갈 길은 멀고도 멀어 보였다. 하지만, 같이 고민하고 이야기를 나누는 시간을 통해 결코 불가능한 것 같지는 않다는 생각이 들었다.

tip. 여성 군 징병제 독서토론

1. 여러 자료를 제시하기 전에 '여성 군 징병제'에 대한 간단한 찬반 의견과 이유를 물어본다.

2. 여성 군 징병제에 대한 갤럽조사와 국민청원 상황을 살펴보고, 각 나라의 징병제와 모병제 현황과 여성 군 징병제 찬성 이유와 반대 이유의 근거들을 기사와 뉴스로 알아본다.

3. 찬반으로 나누어 토론해보고, 토론 관련 영상을 시청한다. '군 가산점 부활'에 관련한 설명 후, 다시 토론해본다.

4. 여성 군 징병제를 통해 남녀평등이 이루어질 수 있는지에 대해 함께 논의해 보고, 지금의 나와 미래의 내가 남녀평등을 위해 할 수 있는 일이 무엇인지 포스트잇에 작성하고 발표해본다.

SNS로 셧다운제의 부활 토론

"얘들아, 나 고민이 있어."

"뭔데요? 선생님, 말해보세요. 우리가 해결해 드릴게요."

"실은 우리 집 애들이 게임을 하고 싶어 하는데, 일단 시작하게 하면 끝이 없을 것 같아서 어떻게 해야 할지 모르겠어. 너희는 경험자잖아. 어떻게 생각해?"

아이들은 가끔 나의 고민을 상담해준다. 우리 집 아이들은 초등학생이고, 내가 가르치는 아이들은 중고등학생이라 이미 그 시절을 겪은 위엄있는 청소년으로서 자신의 경험을 토대로 내게 이런저런 필요한 이야기를 해 주는데 실제로 육아에 도움이 된다.

"저는 처음부터 게임을 시작하게 해 주면 안 된다고 생각해요. 한번 시작하면 절대 그만 못 둬요. 계속 생각나고 머릿속에 온통 게임으로만 가득 차게 되거든요."

"H는 I의 말에 어떻게 생각해?

"저는 오히려 하게 해주고 시간을 정하는 게 나을 것 같아요. 제 주변에서 많이 봤는데 아예 부모님이 게임을 못하게 했다가 나중에 엄마 몰래 하고, 그러다 더 중독돼서 나중에 심각해지는 걸 자주 봤거든요. 무조건 못하게 하는 건 좋은 방법이 아닌 것 같아요."

토론 수업을 위해 '고민'을 미끼로 던진 것은 아니었다. 대안학교의 특성상 교사와 아이들은 너무 가까워 이런 대화는 자연스럽다. 그래서 가끔은 정색하고 혼내기가 어려울 정도다. 아이들과 늘 스스럼없이 이야기하다 보니 쉬는 시간에도 아이들은 교무실에 와 있기도 하고, 수업이 끝나도 나를 붙잡고 주말에 뭘 했냐며 놔 주지 않기도 한다. 그리고 오늘 다룰 논제는 '셧다운제의 부활'이다. '게임'의 여부는 아이들 사이에서도 뜨거운 감자다.

'셧다운제'란 청소년의 게임이용 시간을 제한하는 것을 말한다. 만

16세 미만의 청소년이 오전 0시부터 오전 6시까지 국내에서 서비스되는 모든 온라인게임을 할 수 없도록 청소년 보호법 26조로 정해놓은 것인데, '셧다운제'는 2011년 1월부터 시행되다가 2022년 1월 폐지되었다. '셧다운제'를 설명함과 동시에 아이들 사이에서는 와글와글 논쟁이 벌써 시작되었다.

"청소년은 인권도 없는 거야? 게임하는 시간까지 왜 나라에서 정하는 건데?"

"게임 중독성이 얼마나 심하면 법으로 정하겠냐? 법으로 안 정하면 날 새서 게임하고 학교 오면 잠만 퍼 잘 것 아냐?"

"게임을 한다고 다 중독되는 것도 아니잖아? 알아서 잘할 수 있게 도와주면 되지."

"그러니까, 알아서 잘 안 하니까 법으로 정했다고. 아, 답답해."

논쟁은 끝이 없다. 의견을 나누는 것은 좋지만, 토론에 익숙하지 않은 아이들의 감정은 올라오고 분위기는 격해진다. "관둬!" 혹은 "말을 말자." 식의 단계까지 간다. 더 험한 말까지 오고 갈까 봐 급히 말을 끊고 중재한다. 그러고 보면 한국은 토론하자고 하면 꼭 싸움이 난다. 감정은 상하고 시작하니만 못한 상황까지 간다. 실제로 토론 대회에 나간 아이가 토론 중, 화를 참지 못하고 하지 말아야 할 말을 했고 퇴장을 당한 이야기를 들은 적도 있다.

토론은 당연히 격해질 수 있다. 아니, 격할 수밖에 없다. 자신의 의견을 설득시키고 관철한다는 것이 부드럽게 기분 좋게 말해서만 되는 일이 아니다. 반대 의견의 허점을 찾아 비판하고 근거를 들어 다시 의견을 제시하는 과정은 당연히 거칠어지고 아슬아슬한 분위기까지 간다. 그러나 토론은 토론일뿐 끝나고 나면 이성적으로나 감성적으로 진정이 되어야 하는데 우리는 그렇지 못하다. 토론이 끝나고 아무 일도 없었다는 듯, 악수하며 웃는 외국인들과 달리 한국 사람은 억지로 미소 지으며 뒤돌아 씩씩거리고 있다.

어떻게 그들은 가능할까? 심각하게 다투는 것처럼 보일 정도로 토론을 하고도 끝나면 아무렇지 않을까? 그런데 우리는 왜 그들처럼 토론하지 못할까? 이유는 '토론의 방식'을 제대로 배우지 못해서이다. 다시 말하면, 우리는 권위적인 가정과 일방적인 학교에서 진짜 토론을 경험할 수 없었다. 지시에 따른 복종과 질서의 유지가 오랜 미덕이었다.

우리는 토론의 방식을 모르고 토론을 해왔다. 그래서 말이 막히면 그때부터 '말도 안 되는 아무 말'이나 던지는 방식으로 토론을 끌고 갔다. 정확히 말하면 말싸움에 가까웠다. 머릿속은 우왕좌왕하고 반박하는 질문이나 답에 감정은 상해갔으며 이성적인 판단은 점점 흐려져 자리를 박차고 나갈 준비만 하고 있었다. 그러나 유럽에서 토론은 일상다반사다. 그들은 어렸을 때부터 가정과 학교, 사회에서 피부로 경험하며 토론을 배워간다. 그들은 자신의 의견을 제시하고, 상대방의 의견을 경청하며 논리적으로 반박하고 답이나 절충안을 발견해간다.

격해진 토론에 대한 응급책으로 아이들을 진정시키고자 게임과 관련한 드라마를 5분 정도 보았다.

어느새 잠잠해진 아이들은 벌써 드라마 속으로 들어가고 나는 포스트잇을 아이들에게 나눠주며 수업을 이어간다. 영상을 보고 나면 의견을 정해 근거를 쓰고 칠판에 나와 붙인다. 신기하게도 아이들은 대부분 게임을 하면서도 게임 시간을 규제해야 한다는 셧다운제에 찬성하는 비율이 더 높았다.

토론

1. 게임은 중독인가, 아닌가?

2. '셧다운제'는 부활해야 하는가?

3. 국가가 개인을 통제할 수 있는가?

'셧다운제'를 실시하게 된 목적은 '게임중독'을 막고, 수면권을 보장하기 위해서였다. 그리고 '인터넷 중독 실태 조사'에서 10대 청소년 인터넷 중독률이 10.4%로 가장 높다는 사실과 중독의 가장 큰 원인은 온라인게임이라는 것을 설명한다, 시간 여유가 있다면, '게임이 중독일까? 그렇지 않을까?'의 여부를 토론해봐도 좋다. 이어 찬반입장을 잘 보여주는 뉴스와 기사를 보고 본격적인 토론을 해 본다.

'셧다운제 부활'의 찬성 측은 게임중독 부분을 부각해 이야기했고, 반대 측은 청소년의 자유와 인권을 들어 의견을 밝혔다. 찬성 측은 게임중독으로 인한 수면 부족, 부모님과의 갈등, 학업 방해 등 여러 피해를 들었고, 셧다운제가 시행되는 동안은 그래도 게임을 덜 하게 되었다는 개인적인 이야기도 덧붙였다. 반대 측은 셧다운제 기간에도 게임을 할 사람은 부모님 계정으로 가입해 이미 게임을 하고 있어서 셧다운제 자체가 의미가 없다고 피력했다.

아이들이 직접 겪고 있고 가장 관심이 많은 '게임'의 문제라서 토론도 알차게 진행되었다. 주장과 근거를 들어 글쓰기도 해 보았고, 셧다운제를 통해 '국가가 개인을 통제할 수 있는가?'의 문제까지 나아가 생각해 보았다.

아이들은 "다음 시간에는 무슨 토론 해요?"하고 물었다. 수업이 끝나고, 아이들의 얼굴이 사뭇 달라 보였다. 그것은 열띤 토론 후 젊음에서 청신하게 빛나는 '뿌듯함'이었다.

tip. 셧다운제의 부활 독서토론

1. '요즘 좋아하는 게임'이나 '게임에 대한 에피소드'를 아이들과 간단하게 나눠본다.

2. '게임'과 관련 영화나 드라마를 5~10분 정도 짧게 본다.(영화:'레디 플레이어 원', 드라마: '알함브라 궁전의 추억' 1회)

3. '셧다운제'에 대해 설명하고, '셧다운제 부활'에 대한 논쟁을 토론한다.

4. 자신의 의견을 포스트잇에 써서 칠판에 붙이고, 발표하고 싶은 친구는 발표한다.

5. '국가가 개인을 통할 수 있을까?'에 대한 의견을 나눠본다.

6. 핸드폰을 잠시 이용해 토론 수업 현장을 사진으로 찍는다.

7. 과제로 자신의 SNS에 오늘의 토론 소감을 사진과 함께 한 줄로 남겨본다.

비정상회담으로 보는 교육개혁 토론

"학교 매일 가고 싶은 사람, 손!"

아이들의 야유가 교실에 가득 찬다. "그런 말도 안 되는 질문을 왜 하세요?"라고 되묻는 아이도 있다. 아이들은 괜한 질문이라는 표정이다. 그리고 오늘은 '교육개혁'에 대한 토론 수업이다. 그렇다면 한국의 학교는 왜 아이들에게 이런 곳이 되었을까?

필자가 독일에 살 때 유치원부터 고등학교까지 다니는 아이들의 모습은 대부분 밝았다. 독일 학교에 다니는 한국 아이들에게 "학교 다니기 어때?"라고 물어보면 언어의 장벽을 불문하고도 학교 교육에는 만족하고 즐거워했다. 암기하지 않고, 창의성과 자율성을 본질로 삼으며 선행학습은 법으로 금지되어 있고, 외국인마저도 박사학위까지 학비가 무료인 독일은 정말 공부하기 좋은 나라였다.

한국교육은 슬프게도 독일교육의 반대에 있다. 암기력이 좋을수록 학교에서 인정받고, 선행교육은 기본이며 일반사립대학의 한 학기 등록금은 평균 676만 원 정도다. 어른들과 사회가 만들어 놓은 치열한 경쟁 구도에서 지는 것은 사회에서 낙오되는 '실패자'이며, 곁의 친구는 배려와 존중의 대상이 아니라 '이겨야 하는 상대'가 되었다.

한국교육의 문제점과 해결책을 중심으로 토론과 토의를 진행했다. 아이들이 지금 겪고 있는 문제이기에 뜬구름 잡는 원인과 해결방안이 되지 않도록, 선진국의 교육시스템이나 전문가의 의견을 통한 실제적인 사례들을 살피며 구체적인 해결책을 찾으려고 노력했다. 또 '한국교육의 문제점'만 강조하다 보면 자칫 결론에서 아이들이 "그러니까 나 공부 안 해!" 혹은, "한국은 떠나는 게 답이다."로 갈 수 있으므로 드라마를 풀어가듯 플롯을 잘 짜서 수업을 끌어가야 한다.

교육과 관련된 영화나 드라마는 많은 편이다. 영화로는 '굿 윌 헌팅'이나 '4등' 드라마는 '스카이캐슬'이 있고, 5분 정도 교육이나 입시의 문제점을 보여주는 장면을 보고 시작하면 좋다.

토론

1. 오지선다형의 입시 VS 에세이형식의 입시

2. 모든 대학의 평준화

토의

1. 우리는 왜 행복하지 못할까?

2. 한국교육의 문제점은 무엇일까?

3. 우리는 어떻게 행복해질 수 있을까?

4. 어떤 교육, 어떤 학교라면 행복할까?

　

토의를 시작한다. '우리는 왜 공부할까?'와 '이 시대의 청소년들은 왜 행복하지 못할까?'의 주제로 아이들과 이야기해 본다. 모두가 다 의견을 제시할 수 있도록 포스트잇을 이용해 쓴다. 그래야 모든 아이가 토의에 참여할 수 있다. 꼭 손을 들고, 친구들 앞에서 발표하지 않더라도 자기 생각을 쓴 것을 칠판에 나와 붙임으로써 아이들은 소속감을 느낀다. 자리에서 일어나 앞으로 나오고 칠판에 포스트잇을 붙이는 행동 자체가 수업의 직접적인 참여행위가 된다.

'청소년 삶의 만족도'에 대해 토론하는 비정상회담 영상을 10분 정도 보는 것도 도움이 된다. 외국인들이 치열하게 토론하는 것을 보며 토론의 과정이나 방식을 배울 수 있고, 각 나라의 청소년 행복지수를 통해 그 나라의 교육까지 살펴볼 수 있다.

2015년 OECD(경제협력개발기구) 국가별 학생들의 '삶의 만족도'에서 28개국 중 27위인 한국은 '내 반에서 최고의 학생이 되고 싶다.'

와 '학교에서 나쁜 성적 받을 것이 걱정된다.'라는 질문에 각각 82%와 75%로 학업에 대한 스트레스가 엄청나다는 것을 알 수 있었다. 통계자료를 보며 "맞아요, 맞아요!"하는 아이들의 목소리가 여기저기서 터져 나온다. '입시 위주의 획일적인 교육 속에서 과열된 경쟁 구도'가 한국 교육의 문제점이며 한국 청소년들이 행복하지 못한 이유라는 것을 모두가 알고 있었지만, 정확한 자료와 기사들을 통해 되짚어 보는 것은 중요하다. '그럴 거야.'와 '그렇다.'는 명백히 다르다.

'원인'만 파악하다 수업이 끝나면 큰일 난다. 병명을 알고 수술하려고 배만 가르면 어쩌겠는가. 피를 철철 흘리며 병실 문을 나오는 것보다 차라리 병을 모르고 죽는 편이 나을지 모른다. 입시제도가 문제라면 '입시 형식'의 변화가 필요하다. 오지선다형의 입시와 자기 생각을 쓰는 에세이 형식의 입시 중 어떤 시험제도가 나을지 토론한다.

독일의 아비투어와 프랑스의 바칼로레아 시험문제들을 읽어주어도 좋다. 예를 들면 "문화의 다양성이 인류의 통일성을 방해하는가? 또는 "윤리는 정치의 최선인가?" 정도이다. 그리고 에세이 형식의 시험이 한국에서는 왜 시행되기 어려운지 이유를 예측해본다.

마지막 토의로 '우리는 어떻게 행복해질 수 있을까? 어떤 교육, 어떤 학교가 필요할까?'에 대해 이야기를 나눠보았다. 시간을 5분 정도 주고 포스트잇에 쓴 후, 발표한다. 쓰고 싶은 아이는 계속 쓰게 한다. 발표를 꺼리는 아이 중에 잘 쓴 내용이 있다면, 동의를 얻고 교사가 대신 읽어주는 것도 방법이다. 모든 학생이 수업에 집중하고 참여할 수 없지만, 교사는 언제까지나 아이들이 수업 안으로 들어올 수 있게 닫힌 문을 또 열고 열어야 한다.

마지막으로 OECD 인재 역량을 아이들과 함께 읽어본다.

- 도구사용능력
- 이질적인 집단에서의 상호작용
- 자율적인 사고

임용고시제도와 입시제도의 방식 변화, 교육 인식 개선을 위한 언론의 역할, 교사 1인당 학생 수 감소, 대학 등록금 무료, 아동과 청소년 양육수당 등의 교육문제를 위한 해결책도 함께 살펴보았다. 반에는 OECD에서 제시한 인재 역량이 충분한 아이들이 있다. 그러나 '공부를 못하는'이라는 꼬리표를 달고, 아이들은 무수한 능력들을 매일 잃어간다. 과열경쟁 속에서 아이들은 다가올 내일과 어른이 될 세상이 두렵다.

이 사회와 어른들은 아이들을 소중하게 생각하고, 행복해지길 원한다. 진심이다. 그러나 아이들이 진짜 '행복한 어른'이 될 수 있는 세상이 올까? 지금의 어른들이 노력하지 않으면, '교육'을 바꾸지 않으면 '사회'는 절대 변할 수 없다.

tip. 교육개혁 독서토론

1. 교육 관련 영화나 드라마를 짧게 보거나 외국인들이 토론하는 영상을 본다.

2. '우리는 왜 공부할까?'와 '이 시대의 청소년들은 왜 행복하지 못할까?'에 대해 포스트잇에 의견을 쓰고 함께 토의해 본다.

3. 아이들과 '행복의 기준' 항목을 정해 '삶의 만족도'를 점검해본다.

4. '오지선다형'과 '에세이' 형식의 입시 중 어떤 시험제도가 나을지 토론해본다. 또, 논술 혹은 에세이 형식의 시험이 한국에서는 왜 시행되기 어려운지 이야기해 본다.

5. '우리는 어떻게 행복해질 수 있을까? 어떤 교육, 어떤 학교가 필요할까?'로 토의해 보고, OECD 인재 역량을 살펴보면서 '변화되어야 할 교육'과 '사회'에 대해 나눠본다.

한국의 논점으로 보는 고등독서수업

한국사회의 논점을 묶어놓은 책을 교재로 선정하고, 고등학교 아이들을 대상으로 독서 수업을 6년째 진행하고 있다. 이 책을 통해 해결되지 않는 한국 내 사회 문제들은 살펴보고, 포스트 코로나 등 새롭게 이슈되는 문제들도 접해 보았다.

『한국의 논점』 책을 독서 수업으로 하기 좋은 이유는 3장 내외의 짧은 분량의 한국 내외 분야별 이슈들이 실려 있어 아이들과 수업 내 읽기에 적당하고, 관심 있는 주제를 선택하여 수업을 진행할 수 있기 때문이다. 교사와 아이들이 원하는 챕터를 고르고, 교사는 강의준비를 아이들은 발표 준비를 한다. 의도한 것은 아니었지만, 아이들이 대학 입시 면접에서 대안학교의 특별했던 경험으로 한국의 사회문제를 다루며 발표 및 토론했던 독서 수업을 이야기했다.

첫 수업은 아이들과 책의 목차를 살펴보며 자신이 관심 있거나 평소 조금이라도 궁금했던 사회문제를 고르게 한다. 보통은 "어려워요."라는 말만 반복하다가 꾸역꾸역 딴에는 제일 쉬워 보이는 주제로 선택한다. 그런데 아이들은 책의 내용을 분석하여 프레젠테이션을 기막히게 만들고 발표도 잘 해낸다. 지금 세대들은 유아기 때부터 미디어와 함께 자랐고, 이들에게 이미지는 텍스트보다 훨씬 가깝고 쉽다. 그래서 사회문제들을 짧은 텍스트로 읽고, 그것을 프레젠테이션으로 이미지화하여 발표하는 독서 수업은 고등학교 아이들에게 수업 수준과 만족도에서 적절했다. 중학교 3학년부터 고등학교 3학년까지 사회문제 관련 독서수업 교재를 고민하고 계신 분들께 추천한다.

가장 큰 문제는 수업준비를 해야 하는 교사다. 한 번 수업을 준비하기 위해 일주일 내내 고심해야 하는 사회문제가 대부분이고, 보통 2~3일 정도는 자료를 찾고 질문지를 만들어야 한다. 그래야만 책의 내용을 분석하고 토론 및 토의할 수 있는 수업 분량이 나온다. 또 수업 중 교사는 팩트는 전달하되, 정치적으로나 이념적으로나 최대한 중립적인 입장을 지켜야 하므로 진보와 보수 측의 다양한 뉴스와 기사를 살펴보아야 한다.

한국 내 논점으로 한 학기 수업을 진행하고, 다음 학기에는 한국을 둘러싼 중국, 북한, 일본 그리고 미국과의 관계를 살펴보는 수업을 해

보았다. 교재는 따로 정하지 않았고 질문이 쓰인 프린트물, 신문 기사와 뉴스, 관련 영상으로 진행했다. '한중미일'이라는 각 나라의 역사와 특수성을 알아보고 한국과의 관계, 앞으로의 외교 방향을 살펴보았다. 팀별로 관심 있는 나라를 선택해 역사와 외교 등을 조사해 발표하게 했다.

해당 나라를 잘 이해할 수 있는 영화를 선택하여 두 시간가량 보기도 했는데 아이들은 영화를 통해 그 나라의 특성을 더 명확히 알게 되었다고 했다.

관련 영화와 책은 감상하는 것만으로 끝내지 않았고, 질문이 있는 프린트물을 만들어 미리 나누어주었다. 아이들은 제시된 질문을 생각하면서 책을 읽고 영화를 보았고, 이에 고민하며 다양한 해석을 찾을 수 있었다.

**tip. 수업하기 좋았던, 그리고 앞으로도
계속될 사회문제 독서수업 논제**

1. 저출산 고령화

2. 기후 위기와 감염병

3. 정신건강과 자살률

4. 인권 문제_아동, 노동자, 인종, 장애, 여성 등

5. 교육개혁

6. 검찰개혁

7. 불평등 문제

8. 청년 문제

9. 한국을 둘러싼 한중미일의 관계 (한 학기 분량)

독서 수업으로 '사회문제'를 다루어야 할까?

사회를 알아야 우리는 세상 속으로 한 발자국 들어갈 수 있다. 내가
그랬다. 집에 텔레비전도 두지 않아 뉴스도 거의 보지 않았고, 남편이
보는 신문을 거우 곁눈질하는 정도였다. 사회 속에 살지만, 사회 밖에
머무른 반만 교사인 삶을 살았다. 세상도 사람들도 크게 관심 없던 내

가 아이들에게 독서 수업을 가르치기 위해 뉴스와 기사를 보면서 알았다. 숨겨진 사회의 이면과 대단히 잘못되어 있는 이 사회의 구조 안에 우리가 살고 있다는 사실. 그리고 교묘하게만 보이는 정치 속에서 정책은 만들어지고, 또 그 정치로 사회는 바뀌어나간다는 것을 말이다.

고리 텁텁하고 케케묵은 옛이야기들은 충분했다. 지금 아이들에게 지금 살아가고 있는 사회의 구조의 모순과 원인을 알려주고 해결책을 같이 고민하는 것은 기성세대의 책무가 아닐까.

아이들에게 가르칠 것들을 가르치지 않는다면 다음 세대도 동일한 사회적 모순 안에서 살아가게 될 것이다. 사회를 한 손으로 가린 채, 제대로 생각해 보거나 토론해보지 않고, 어떻게 아이들의 미래가 행복하고 밝기만을 바랄까. 이대로 가면 뻔히 보이는 디스토피아의 길목에서 의미 없는 주문을 걸고 있는 것뿐이다.

tip.

제5장
교실을 벗어난, 진짜 국어수업

밖에 나가서 공부할까?

모처럼 가을 기분이 난다. 약간 쌀쌀한 바람에 코끝이 맵고, 손은 시린데 머리는 맑다. 마스크 속 아이들의 표정을 이제 조금 읽을 힘이 생겼다. 시각이 흐려지면 청력이 발달한다고 하던가. 수업시간에 아이들의 눈썹이 살짝 움직이거나 눈빛이 반짝 동요하거나, 혹은 미세한 손짓이나 발짓에도 마음이 읽히는 것 같다. 감각의 둔감한 껍질이 벗겨지는 것은 좋은 일이지만, 자꾸 작은 것도 눈에 보이고 밟혀서 예전에 없던 잔소리도 늘어난다. 그리고 지금 아이들은 나가고 싶다. 가을로, 간절히.

"우리, 밖에 나갈까?"

"야호!"

아이들의 환호는 언제나 기분 좋다. 그래서 내가 아이들을 혼내는 걸 머뭇거리는 걸까. 아이스크림을 하나씩 사준다. 추운데도 아이들은 아이스크림이다. 껍질을 까기도 전에 인증샷부터 찍는다. 역시 세대가 다르다. 가까운 공원으로 걸어가면서 '무슨 이야기를 나누지?'하고 고민할 새도 없이 아이들의 재잘거림 속에 나는 끼어들 틈도 없다.

수업 시간에 굳어 있던 아이들은 할 말이 많아진다. 아니면 내가 말할 수 없게 하는 수업을 하고 있었을까. 오늘은 가을 속을 걷고, 바람을 만져보고 그동안 미루었던 이야기를 나누기로 한다. 공원을 지나 철길을 걷는다. 아이들은 꽃들과 벌레 사진을 찍고 셀카도 찍더니, 서로 밀고 넘어지고 소리를 지르다가 뛰어가다가 정신이 없다.

학교 근처로 돌아와서 운동기구가 있는 공원 의자에 나란히 앉았다. 아이들 손에는 국어책이 있다. 그런데 책보다 더 진한 바람과 공기가 곁에 있다. 차마 책을 펴라는 말을 하지 못하고, 나는 아이들의 이야기에 귀를 기울인다. 지금 주고받는 이야기는 진심이다. 그동안 꺼내지 못한 마음이다. 바깥바람을 쐬고야 아이들은 자신을 드러낸다. 교실에서와 다른 표정과 살아있는 미소, 생기있는 말투, 그리고 나에게도 건네는 예상치 못한 한 마디.

"선생님, 요즘 어때요?"

"어? 나? 어…."

말문이 막혔다. I가 나에게 안부를 물었다. 걱정하고 궁금해하는 오래된 친구의 따뜻함이 스민, 오후의 몽롱함을 깨우는 "요즘 어때요?"라는 말. 대답을 머뭇거리는 사이, 아이들은 또 다른 이야기를 나눈다. 나는 그동안 45분의 수업시간 내내 아이들에게 제대로 말할 기회를 주지 않았다는 것을 깨달았다. 질문을 던지고 내가 먼저 말을 하고 말았다. 아이들이 생각하는 동안의 '찰나의 침묵'을 기다리지 못했다. 질문도 대답도 내가 하는 이상한 수업이었다. 아이들에게 시간을 주며 침묵을 견디는 수행의 시간이 필요하다는 것을 바깥에 나와 알았다. 그리고 아이들이 대답하기 전까지의 어색함을 기다릴 줄 아는 길은 아직도 못 견디게 까슬까슬하다.

그리고 나는 왜 아이의 "요즘 어때요?"라는 질문에 대답하지 못했을까? 그것은 '생의 의미'라는 정곡을 찔렸기 때문이었다. 아이는 나에게 '너는 어떻게 사느냐?'고 묻고 있었다. 생각할수록 아이의 질문은 내가 수업시간 한 질문보다 더욱 깊이 있었다.

오늘은 밖에서 수업했다. 과감히 말할 수 있는 '진짜 국어수업'이었다. 같이 걸으며 이야기를 듣고 아이들의 살아있는 표정을 보았다. '공부'란 먼저 사람을 아는 것이고, 삶을 고민하는 것이며 우리는 이렇게 보폭을 맞추어 세상을 함께 걸어가는 것이다. 코로나 속에 꽁꽁 갇혀 있다가 바람을 쐬니 나도 아이들도 좋았다. 우리는 그동안 왜 밖을 나오지 않았던 걸까? 이렇게 살 것 같은데. 마스크를 벗고 재잘거리는 목소리가 들리니 이제야 아이들 같다.

"얘들아, 이제 학교로 돌아갈 시간이야."

소리 내 불러보지만, 아이들은 들리지 않는 듯 다른 세상으로 걸어갔다. 이대로, 저 멀리, 아득히.

'국어의 날' 그리고 한글날 행사

10월 9일, 한글날은 '국어의 날' 행사로 진행되었다. 대안학교에는 '수학의 날, 사회의 날, 과학의 날, 영어의 날'도 있다. 코로나 시대의 '한글날 행사'로는 어떤 것이 좋을까? 무엇이 적당할까? 마스크를 써야 하고, 대화를 자제해야 하고, 거리를 유지해야 하며 주어진 시간은 생각보다 더 많은 분량이다. 그러나 간단한 게임들이 진행되고 여기저기에서 아이들의 웃음소리가 들린다. 정말 오랜만에 기분이 좋아진다. 이제야 학교 같다.

1부 순서로는 '한국어와 문학'과 관련된 골든벨 문제를 푼다. 순우리말과 북한말, 시의 구절과 소설의 제목, 한국어의 위상과 한국의 명소 등을 25문제로 만들어 보았다. 대안학교와 병원에서 진행해 보았는데 반응이 너무 좋았다. 예능을 참고한 문제여서 중고등 전 학년이 재미있게 풀 수 있고, 아이들은 공부와 크게 상관없이 찍어도 되는 문제여서 즐거웠다. 그리고 이렇게 팀을 이뤄 퀴즈를 풀고 우승팀은 상을 받으니 열심일 수밖에 없었다. 물론 맛깔나게 이끌어가는 진행자가 있으면 좋지만, 국어 선생님이 뭐든 다 잘할 수 없진 않은가. 할 수 있는 만큼 오늘만은 예능인처럼 최선을 다하는 수밖에.

2부 순서로는 주제를 선정해 '나만의 미니북 만들기'를 해보았다. '빨강 머리 앤'의 명대사와 그림을 그린 책, 자신의 최애 영화를 정리한 책, 좋아하는 노래 가사를 그림과 함께 쓴 책, 좋아하는 아이돌의 일상을 사진과 함께 꾸민 책, 1년 후 만날 남자친구와 하고 싶은 일을 쓴 버킷 리스트의 책 등 생각지도 못한 이야기들이 책으로 쏟아져 나왔다. 본인들이 쓰면서도 좋아했지만, 완성된 작품을 아이들끼리 돌려보며 재미있어했다.

3부 순서로는 한글의 소중함과 위엄을 몸소 깨닫기 위해 '한국어 문장을 중국어, 일본어 등으로 바꾸어 말하기'를 해 보았다. 한국어가 없다면 우리는 지금 어떤 말을 쓰고 있을까? 한국 주변의 어떤 나라의 말을 문자로 쓰고 있지 않을까? 이에 한글이 아닌 타 언어로 지금의 문장을 기록해 보고 말해보기로 한다. 중국어와 일본어, 러시아어 중 룰렛 돌리기로 선택된 언어를 구글 번역기로 해석하고 가장 빨리 정확하게 말하는 팀이 우승이다. 이 순서는 무엇보다 발음하기 어려운 언어가 걸리지 않는 것이 중요한 팁이었다.

대망의 4부 순서다. 한국어 노래 가사를 외국인에게 가르치는 미션이다. 나는 중국과 필리핀, 그리고 베트남에서 온 초등학생과 중학생에게 한국어를 3년 정도 가르친 경험이 있다. 그리고 한국어교원자격증 3급을 공부하면서 동영상 실습을 찍었던 것에 포인트를 얻고, 아이들이 일일 '한국어 교사'가 되어 보기로 했다.

외국인에게 케이팝 중에서 가장 인기있는 노래 가사를 한국어로 가르치는 콘셉트로 5분 영상을 찍어 올리기로 했다. 그리고 가장 많은 조회 수를 얻는 팀이 이기는 것으로 정했다. 궁금하기도 하고 염려도 되었지만, 걱정은 금물이다. 아이들은 미리 곡을 정해 전날 프레젠테이션을 만들어왔다. 가사를 영어 발음기호로 바꾸는 센스를 발휘했고, 어떤 팀은 노래를 부르고 춤을 곁들이면서 가르치기도 했다. 또 다른 팀은 노래 교실처럼 가사를 한 부분씩 따라 부르게 한 다음, 한국어 문법을 설명했다. 일단, 가르치는 역할을 맡은 선생님이 너무 재미있었다. 이토록 재기발랄한 아이들을 어떻게 앉혀만 두고 수업을 한 건지 의문이 들 정도였다. 한국어 선생님인 아이들은 능숙하게 5분 강의를 이끌어나갔다. '아, 나도 저렇게 가르쳐야 했는데.' 싶을 정도였다.

또 외국인 역할을 맡은 다른 아이들의 연기도 대단했다. 출신 나라와 이름을 짓고 이름표까지 만들었다. '제임스, 요코, 파울라'는 정말 외국인처럼 열심히 연기 중이었다. 내 입에서는 "역시나, 역시나."라며 감탄사가 흘러나왔다. 아이들은 생각한 것보다 더 많은 잠재력과 창의력을 가지고 있었다. "어, 썬새님. 몰르겠써요."하며 어색한 한국어로 더듬거리며 외국인처럼 말하는 R를 보고 뒤로 넘어갈 뻔했다. 한국어 교사 경력 3년 차인 나는 그들 앞에서 깨갱 하고 만다.

아이들의 모의 수업을 보면서 대견함을 너머 내 속의 사그라들었던 뜨거운 것이 몽글거렸다. '젊음'과 '열정'은 비례하는가. 가끔 아이들은 이렇게 시들어가는 나를 울컥하게 한다.

tip. '국어의 날' 그리고 한글날 행사

1. '한국어와 문학'과 관련된 골든벨 문제를 팀별로 풀어본다. 문제는 예능 중 한국어과 문학에 관련된 퀴즈가 나오는 프로그램을 참고한다. (15명 기준, 25문제에 80분 정도 소요)

2. '나만의 미니북 만들기'를 해본다. 인터넷에서 미리 미니북을 구매하고, 여러 색깔의 네임펜을 이용하여 책을 꾸며본다. (인터넷에 '미니북'을 검색, 5페이지 1,000원 내외)

3. 한국어 문장을 중국어, 일본어 등으로 바꾸어 말해본다. 외국어로 번역하여 연습하고 확인하는 단계에서는 구글이나 파파고 앱을 사용한다.

4. 외국인에게 케이팝 중 인기 있는 노래 가사를 한국어로 가르치는 5분 수업안'을 짜 본다. 팀별로 발표하고 선생님과 외국인 학생 역할을 나누어 실제 수업을 해 본다. 영상으로 찍어 유*브에 올리고 조회 수가 가장 많은 팀이 승리한다.

기억의 소환, 온라인 엽서&카드 만들기

"너희는 뭘 좋아하니? 어떤 것에 관심 있어?"

지금 세대 아이들은, 어떤 수업과 활동을 원할까? 아이들과 수업하려면 교사가 변해야 한다. 그리고 아이들은 실제로 관심 있는 것에 직접 참여하길 원한다.『90년대생이 온다』책에 충격을 받고, 그제야 MZ세대가 왜 그렇게 생각하고 말하는지 조금 이해가 되었는데, 지금 학교에서 만나고 있는 2000년 이후에 태어난 청소년들은 또 많이 다르다. 시대와 아이들이 변하고 있으니 교사도 바뀌어야 하고, 80년대생인 나역시 매일매일 쫓아가느라 바쁘다. 아이들이 좋아하는 것은 무엇인지, 요즘 관심사가 무엇인지, 혐오하는 것과 그 이유는 무엇인지 아이들에게 귀를 기울여야 한다.

문학 수업 중, '엽서&카드 만들기'는 가장 인기가 있었다. 일반 학교에서 수업하며 다른 선생님들이 어떤 활동을 하시는지 자연스럽게 보게 되었는데 20년 전과 같은 활동이 계속되고 있었다. 시를 쓰고 옆에 그림을 그리는 활동은 강산이 두 번 변한 이 시점에도 계속되었다. '가르치는 교사도 참 재미가 없겠다.'고 생각했다.

온라인사이트에서 자신의 사진을 넣어 엽서와 카드 만들기를 해 본다. 핸드폰 사진첩에서 사진을 보며 자연스럽게 생각하는 시간을 갖는다. 아이들은 고심하며 한 시간은 사진을 고른다. 제주도에 여행 갔던 사진, 사랑하는 강아지의 사진, 놀이동산에 친구와 놀러 갔던 사진, 아니면 어젯밤 옥상의 풍경, 어쩌다 찍은 분홍파란빛 노을이 담긴 허름한 도심, 설거지하는 엄마의 뒷모습, 아빠와 영화관에서 찍었던 인증샷까지.

인터넷이 없던 시절에 우리는 사진첩을 넘기며 과거를 여행했다. 가족과 친구들과의 기억을 넘나들면서 즐거웠다. 아이들도 핸드폰 깊숙이 들어있던 사진들을 터치하며 생각에 잠긴다. 갑자기 소환된 추억 속에서 깔깔대며 웃기도 하고 알 수 없는 표정을 짓기도 한다. 전 남친과의 사진을 발견한 것일까? 옛 사진을 보면서 시간을 돌아보는 아이들의 눈빛. 문학수업을 하다 추억을 곱씹어보는 공간이 생겼다.

좋은 글을 읽고 쓰고 감상하는 것이 문학의 목적이라면 선행되어야 하는 것은 '생각'이다. 글을 쓰기 전, '그 무엇'에 진지하게 고민해보는 시간을 갖는 것은 중요하다. 아이들은 사진을 보며 생각한다. '그땐 왜 그랬지?' 하며 고민에 빠진다. 생각이 솔직하게 정리되면 글은 자연스럽게 만들어진다.

정말 간단하지만, 아이들이 만족하는 활동이라면 어떨까? 일을 일부러 어렵게 할 필요는 없다. 쉽고 재미있게 할 수 있다면 그걸 하는 게 맞다. 아이들은 자신의 사진을 고르고, 온라인사이트에서 선택한 디자인 틀에 사진을 넣는다. 사진 아래에는 어울리는 문구나 날짜를 넣는다. 자연스럽게 글은 사진과 어울리고 생각나는 대로 쓴 글은 어느새 '시'가 된다. 운율과 함축을 가르치며 '시'를 쓰라고 하지 않아도 아이들은 자신의 사진에 어울리는 감성을 담아낸다.

수업시간에 엽서와 카드 각각 한 번씩 제작했는데 아이들은 다음에 또 하고 싶단다. 도착한 나만의 엽서와 카드를 고이 가져가며 아이들은 감사 인사를 전하고 나는 나도 모르게 으쓱하고 말았다.

너희들이 원하는 것을 계속 물어볼게.
우리 그거 같이 하자. 선생님은 그런 수업 하고 싶어.

tip. 엽서&카드 제작하기

1. 엽서나 카드로 만들고 싶은 자신의 사진을 선택한다.

2. 사진을 인화하는 사이트에서 '포토 카드'로 들어가 마음에 드는 디자인을 선택한다.

3. 선택한 디자인에 사진을 넣는다.

4. 사진에 어울리는 글을 추가해서 입력한다.

5. 완성하여 주문하고 결제하면 2-3일 후 배송된다.

엽서 스타일(5*7 플랫카드) 1장 당 990원

카드 스타일(5*7 폴더카드) 1장 당 1,490원

12.7cm*17.8cm/ 사진 수 1장

(배송비 3,000원)

교실 밖 공모전 글쓰기

문학과 사회문제를 다루는 독서수업을 하며 아이들에게 '깊이와 즐거움'이 전달되었으면 했다. 그러나 코로나 내내 마스크를 쓰고 수업하기는 쉽지가 않았다. 무슨 말을 하는지 서로 정확히 전달되지 않았고, 나도 아이들의 표정이 보이지 않으니 수업의 반응을 알 수 없었다. 학기 말이 되니 심신이 바닥을 쳤다. 코로나를 피해 다니느라 현실 같지 않은 현실에서 좀비가 된 기분이랄까.

반년이 지나고, 마스크를 쓴 서로에게 적응이 되어갔다. 그리고 우리는 국어 시간에 글을 써서 공모전에 내 보기로 했다. 국가인권위원회에서 주관하는 '2020 인권공모전'에 응모하기로 하고 한 달 동안 여러 번 글을 피드백했다. 아이들은 나와 짧게는 6개월, 길게는 1년여 독서 수업으로 '인권' 부분에 대해 수업을 계속하고 있던 터였다. 매해 열리는 인권공모전에 아이들도 흔쾌히 글을 써 보기로 했고, 독서수업에서 다루었던 '아동, 노동자, 인종, 종교, 여성' 인권 중 하나를 선택해 글의 개요를 잡고 초안을 써 나갔다.

좋은 글을 쓴다는 것은 끊임없는 사고의 훈련이자, 인내심을 요구하는 고쳐쓰기가 수반되어야 하는데 여러 번 고쳐쓰기에 아이들은 지쳐갔다. 마치 글쓰기 피드백은 세심한 상담과도 같아서 스스로 답을 찾도록 계속 아이들의 글 속의 상황을 들어주고, 글의 여러 요소가 유기적으로 연결되도록 맥을 짚어줘야 했다. 꾸준히 글쓰기를 붙들고 새벽을 지새우며 고민하고 써 보지 않았다면 도저히 할 수 없는 일이었다.

주말에도 아이들의 원고를 읽고 조언해주면서 나도 실은 끝내고 싶다는 생각이 들 때쯤이었다. 생각지도 못한 몇몇 아이들의 글쓰기 열정과 이야기하기 힘들었을지 모를 자신의 경험이 담긴 솔직한 글은 나를 다시 잡아끌었다. 여덟 명의 인권에세이와 두 명의 카드뉴스를 인권공모전에 접수했다. 내심 기대하면서도 기대하지 말자고 스스로 다독일 때쯤 두 달이 지나 발표가 났다.

2020 국가인권위원회 인권공모전 에세이 부분
청소년부 장려상 김○○
'나는 어느 나라 사람인가요?'

'상을 받지 못한 아이들이 실망했을 텐데'라는 걱정과 동시에, 전국에서 7명에게 주는 장려상을 받은 K가 한턱내겠다고 연락이 왔다. 그동안 멈춰 서서 아무것도 아닌 것만 같았던 '글쓰기'라는 것이 살아서 말을 걸어왔다.

tip. 공모전 글쓰기

1. 엽서시문학공모, 위비티 사이트에 글쓰기 및 영상제작 등의 공모전 소식이 업로드된다.

2. 슬로건, 표어, 디카시(사진+글), 편지쓰기 공모전 등은 가볍게 참여해보기 좋다.

3. 댓글 달기 이벤트, 삼행시 짓기 등 간단하게 참여하고 상품을 받는 곳에도 응모해본다.

4. 준비할 수 있는 기간이 한 두달 정도로 길다면 동화, 단편소설, 시를 쓰며 피드백해본다. (해당 지역의 공모전은 수상 가능성이 높다.)

5. 매년 인권공모전, 손편지 쓰기 대회 등 시행되는 공모전은 미리 준비하여 충분한 피드백을 거쳐 응모한다.

진짜 내 마음대로 소설

대안학교와 정신병원을 오가다 한 학기 대안학교 수업을 쉬었다. 2021년 2학기에는 일반고등학교에서 문학과 글쓰기를 가르쳤다. 대학 수시로 이미 입시가 끝난 고등학교 3학년 아이들과 수업을 한다는 것은 쉽지 않았는데, 그래도 한 반에 한 명이라도 수업을 듣고 있는 아이가 있어 하루하루 연명하며 출근했다.

입시가 끝나고 학교에 나오는 아이들은 극소수였다. 나는 학교에 오는 몇 안 되는 아이들에게 나는 '돈 되는 글쓰기'를 제안했다. 수업에는 영 관심 없던 아이들의 눈이 빛났다. 한번 도전해보고 싶다고 했다. 나는 슬로건부터 에세이, 짧은 소설, 사진에 시를 곁들이는 디카시 등 아이들이 참여할만한 각종 공모전을 찾아 모았다.

아이들은 글을 썼다. 피드백을 원하는 아이의 글은 더 수정하면서 공모전에 작품을 응모했다. 고등학교 2학년 아이들도 과제형식으로 공모전에 참여하게 했는데, 달랑 한 줄을 쓰고 끝내는 아이가 있는가 하면 A4 한 장을 꽉 채워 진짜 글쓰기를 하는 아이도 있었다. 몇 작품들은 분량뿐만 아니라 표현은 신선했고, 문장은 깔끔했다. 수업시간에 두드러지지 않고, 때로는 졸거나 다른 짓을 하면서 성적에는 큰 관심 없는 얼굴을 하던 아이들이었다.

'손글씨 편지쓰기 대회' 공모전에서 경기도교육감상 등을 포함해 세 명의 아이가 상을 받았다. 연락을 받고도 아이들은 동명이인이 아니냐고, 정말 자신의 이름이 맞느냐고 몇 번을 물었다. 손편지 공모전은 30년 후 나에게 쓰는 편지였는데 "이 편지를 읽는 네가 누구든 사랑할게."의 구절을 잊지 못한다. 이런 애잔한 사랑 고백은 다시 없을 것 같았다.

아이들은 문학동아리를 만들자고 했고, 나는 네 명의 아이에게 '콜라보 소설'을 쓰자고 제안했다. 수행평가 글쓰기에서 사건 구성도, 표현력도 너무 부러울 정도로 잘 써서 내 입을 딱 벌어지게 했던 아이들이었다. 그래서 우리는 시대는 '현대', 장르는 '판타지', 주제는 '후회'로 A4 10장 분량의 단편소설을 쓰기로 했다. 겨울 방학, 한 달 정도 걸려서 미완성인 듯 완성인듯한 네 가지 색깔의 작품이 나왔다. 소설을 피드백하기 위해 학교 근처 카페에서 아이들을 만났다. 소설을 쓰느라 고

생했으니 제일 비싼 음료를 시키라고 했다.

소설의 제목부터 빛났다. '업보/비나리/아포칼립스/쉐도우'.

서로의 소설을 읽고, 솔직한 감상평을 나누었다. 이후, 소설공모전이 있을 때마다 나는 아이들에게 연락을 주었고, 다음 방학에는 또 다른 주제로 콜라보 소설을 써 보자고 의견을 모았다. 아이들도 즐거워했지만, 소설 쓰기의 최대 수혜자는 다름 아닌 나였다.

아이들 덕분에 십 년 만에 나는 다시 소설을 썼다. 오랜 시간 동안 놓고 있었던 소설 쓰기에 '안녕?' 조그맣게 인사를 했다. '너'를 다시 만난 지, 너무 오랜만이라 써지지 않는 날이 많았다. 아이들과의 약속 때문에 새벽까지 머리채를 부여잡고 커피를 벌컥벌컥 마시면서 억지로 써 내려갔다. 마감을 맞춰놓고 쓰지 않았으면 시작도 못 했을 일이었고, 아이들 덕분에 소설을 완성했다. 정말 오랜만에 느껴보는 감정이었다. 마감 전날 손가락 끝에 오는 긴장감, 카페인으로 반짝 깨어진 맑은 정신, 그리고 마지막 문장을 끝낸 새벽 두 시의 개운함은 생각보다 더 짜릿했다.

'진짜, 내 마음대로 소설'은 그렇게 만들어졌다.

에필로그

스스로 모자란다고 생각했기 때문에 듣는 교사가 되었다. 그래서 나는 오늘도 아이들에게서 듣고 배운다. 대안학교와 정신병원 센터를 오가며 중고등학교 아이들에게 문학과 글쓰기, 토론 수업을 진행했고, 생각지 못한 일들이 일어났다. 글쓰기를 하면서 아이들은 더 쓰고 싶다고 했다. 재미있는 소설 이야기를 들려주면 눈이 반짝했다. 멈칫하던 아이들은 여기저기서 손을 들고 말했다. 그리고 나는 이런 아이들이 더 많아지길 바라며 이 글을 쓰게 되었다.

내가 일했던 두 곳의 공통점은 학교로부터 소외되고 사람들로부터 상처받은 아이들이 많았다. 그 아이들에게 필요한 것은 '좋은 선생님'과 '무엇인가 하고 싶은 의지'였다. 그러다 보니, 지금 한국사회에서 가장 중요한 '시험'과 '등급'이 첫 번째 목표가 아니었고, 그 덕에 우리는 기존의 국어를 넘어 선 즐겁고 자유로운 수업을 할 수 있었다. 그리고 아이들은 수업을 통해 자신의 문학적 관심을 서서히 조금씩 밖으로 꺼내기 시작했다.

교재는 정했지만 다 가르치지 않았다. 아이들이 흥미롭게 읽고, 또 좋은 질문을 나올만한 문학작품을 선별해 수업했다. 교재에 없는 부분은 프린트물로 대체했다. 강의식 수업은 길어도 10분을 넘지 않도록 했고, 주제를 주고 아이들이 생각하고 글쓰기를 할 수 있도록 시간을 분배했다.

교실 밖을 나가거나 사진을 찍는 활동들도 병행했다. 패들렛을 활용해 서로의 글을 피드백했고, 좋은 글들은 여러 번 퇴고하여 공모전에 응모했다. 아이들은 한 학기 국어수업에서 A4 1장 정도의 짧은 소설과 3~5분 정도 시나리오 한편, 그리고 시를 완성했다.

사회문제를 다룬 독서토론 수업을 진행했다. 아이들이 원하는 사회문제를 골라 발표했으며 다양한 자료들을 살펴보며 문제점과 해결책을 논의했다. 중간과 기말 평가는 오픈북 논술로 실시했다.

시험에 구애받지 않고, 아이들과 수업을 하고 글을 쓰며 소통하는 과정은 교사와 학생 모두에게 즐거운 시간이었다. 가르치는 사람도 '문학의 즐거움'이라는 그 자체에 집중하여 수업을 준비할 수 있었고, 배우는 아이들도 문학의 깊이와 넓이를 오롯이 받아들였다. 나는 수업을 통해 아이들과 소통하고 아이들이 성장하는 모습을 경험했다.

우리는 모두 누구에겐가 기대어 산다. 아이들의 어깨에 기댄 나는 오늘도 행복하다. 전해줄 수 있는 것이 있다면 오늘도 찾아내며 내일 건네줄 것이다.

세상의 모든 아이는 아름답다. 그리고 모든 아이의 마음속에는 '별 하나'가 있다. 그것이 사그라지지 않고, 세상 밖으로 나와 반짝일 수 있도록 나는 오늘도 즐거운 '문학과 글쓰기'를 가르친다.

시험 없는, '진짜 국어수업'은 어때?

초판 1쇄 발행 | 2023년 4월 29일
초판 2쇄 발행 | 2024년 1월 10일

지은이 | 정아름
펴낸이 | 김지연
펴낸곳 | 생각의빛

주 소 | 경기도 파주시 한빛로 70 515-501
출판등록 | 2018년 8월 6일 제 406-2018-000094호

ISBN | 979-11-6814-034-9 (03370)

원고 투고 | sangkac@nate.com

ⓒ정아름, 2023

* 값 14,500원

* 생각의빛은 삶의 감동을 이끌어내는 진솔한 책을 발간하
고 있습니다. 참신한 원고가 준비되셨다면 망설이지 마시
고 연락주세요.